可持续供应链管理与食品安全治理研究

王 晶 著

人民邮电出版社
北 京

图书在版编目（CIP）数据

可持续供应链管理与食品安全治理研究 / 王晶 著. — 北京：人民邮电出版社，2021.12
 ISBN 978-7-115-57647-7

Ⅰ. ①可… Ⅱ. ①王… Ⅲ. ①供应链管理－研究－中国②食品安全－安全管理－研究－中国 Ⅳ. ①F259.22②TS201.6

中国版本图书馆CIP数据核字(2021)第206269号

内 容 提 要

本书从可持续供应链管理的视角，综合运用文献分析、深度访谈、问卷调查、结构方程、回归分析等方法，介绍了食品企业可持续供应链管理实践体系的构建方式，揭示出其对食品企业绩效及食品安全水平提升的作用机理，同时基于外部利益相关方理论的视角探讨了不同规模食品企业可持续供应链管理实践的驱动机制和策略，为我国食品安全治理提供了新思路，有助于推动我国食品行业的健康可持续发展。

本书适合供应链管理、食品质量与安全监管等相关领域的科研人员及食品生产加工企业、食品销售业的管理人员与市场监督管理人员阅读和使用，也可作为大专院校相关专业师生的学习参考书。

◆ 著　王　晶
 责任编辑　付微微
 责任印制　胡　南

◆ 人民邮电出版社出版发行　北京市丰台区成寿寺路11号
 邮编 100164　电子邮件 315@ptpress.com.cn
 网址 https://www.ptpress.com.cn
 涿州市京南印刷厂印刷

◆ 开本：700×1000　1/16
 印张：13.75　　　　　　　　　　2021年12月第1版
 字数：190千字　　　　　　　　　2021年12月河北第1次印刷

定　价：75.00元

读者服务热线：(010) 81055656　印装质量热线：(010) 81055316
反盗版热线：(010) 81055315
广告经营许可证：京东市监广登字20170147号

前　言

近年来，随着大众健康意识的提高，人们对食品安全的关注度也越来越高。2019年发布的《中共中央 国务院关于深化改革加强食品安全工作的意见》明确指出，我国应积极推进食品安全社会共治格局，构建食品安全多元治理模式，实现政府、企业和社会公众联合起来，共同完成对食品安全的治理。中国共产党第十九次全国代表大会（以下简称"党的十九大"）提出了经济可持续发展、生态可持续发展和社会可持续发展的战略发展目标，坚持可持续发展战略，已经成为中国腾飞的重要助力。可持续供应链管理是在传统供应链管理中融入了可持续发展的理念，有效的可持续供应链管理可以促使供应链企业达到经济、环境和社会整体效益最大化，助力供应链企业实现长远发展的目标。

基于此，本书从可持续供应链管理的视角，综合运用文献分析、深度访谈、问卷调查、结构方程、回归分析等方法，介绍了中国食品企业可持续供应链管理实践体系的构建方式，揭示出其对食品企业绩效及食品安全水平提升的作用机理，同时基于外部利益相关方理论的视角探讨了不同规模食品企业可持续供应链管理实践的驱动机制和策略。

本书的主要研究结论包括以下3点。

（1）中国食品企业可持续供应链管理实践体系主要由4个维度构成，分别为食品企业内部社会责任管理实践、内部环境管理实践、监督评价供应链上下游企业、与供应链上下游企业合作，共包含20个指标。

（2）食品企业实施可持续供应链管理实践可以有效带动食品安全水平

及食品企业的社会、环境和经济绩效的提升；食品企业可持续供应链管理实践通过食品安全水平的提升积极影响食品企业绩效的同步提升，进而有效地促进企业的可持续发展。

（3）政府、行业协会、媒体、消费者的相关驱动策略可以有效推动食品企业实施可持续供应链管理，企业规模起到了调节作用，针对不同规模的食品企业可以实施差异化的可持续供应链管理驱动策略。

基于上述研究结论，本书提出了可持续供应链管理视角下我国食品安全社会共同治理策略，为食品安全治理提供了新思路，有助于推动食品行业的健康可持续发展。

书中内容若有不妥、错误和疏漏之处，恳请广大读者给予指正。

目 录

第1章
绪论 / 1

1.1 研究背景 / 1
1.2 研究目的和意义 / 4
1.3 研究内容及创新点 / 5
1.4 主要研究方法 / 8
1.5 全书结构与研究流程 / 10

第2章
基础理论与文献综述 / 13

2.1 可持续供应链管理研究回顾 / 13
2.2 食品安全问题及其成因分析 / 30
2.3 食品安全监管与治理 / 33
2.4 食品企业可持续发展 / 36
2.5 文献评述 / 38

第 3 章
研究设计与理论模型 / 41

3.1 研究框架 / 41

3.2 研究内容 / 43

3.3 研究设计 / 44

第 4 章
中国食品企业可持续供应链管理实践体系的构建与量表设计 / 47

4.1 中国食品企业可持续供应链管理实践体系的构建思路 / 47

4.2 问卷设计与问卷回收 / 48

4.3 内部社会责任管理实践 / 49

4.4 内部环境管理实践 / 54

4.5 监督评价供应链上下游企业 / 59

4.6 与供应链上下游企业合作 / 64

4.7 食品企业可持续供应链管理实践体系框架 / 68

第 5 章
可持续供应链管理实践对企业绩效及食品安全水平影响关系的研究 / 73

5.1 引言 / 73

5.2 概念模型的构建 / 74

5.3 研究假设的提出 / 75

5.4 数据统计与分析 / 82

5.5 分析与讨论 / 100

5.6 结论与管理启示 / 107

目 录

第 6 章
不同规模食品企业可持续供应链管理驱动因素与机制研究 / 109

6.1 引言 / 109

6.2 概念模型的构建 / 110

6.3 不同规模食品企业可持续供应链管理实践差异性分析 / 112

6.4 可持续供应链管理驱动因素与驱动机制研究 / 115

6.5 假设检验的结果汇总 / 137

6.6 分析与讨论 / 138

6.7 结论与管理启示 / 144

第 7 章
研究结论与应用 / 147

7.1 主要研究结论 / 147

7.2 可持续供应链管理视角下我国食品安全共同治理的政策建议 / 149

7.3 研究贡献 / 162

7.4 研究局限与展望 / 164

参考文献 / 167

附录 1
食品企业可持续供应链管理实施情况的调研访谈提纲 / 191

附录 2
食品企业可持续供应链管理实践相关情况的问卷调查 / 193

第1章
绪论

1.1 研究背景

改革开放以来,中国食品产业快速发展,在保障民生、拉动内需、加快经济发展、促进社会和谐稳定等方面做出了巨大贡献。然而近年来,食品产业在高速发展的同时,也面临着食品安全问题。

从已发生的食品安全事件来看,整个食品供应链从原材料采购、加工、流通到消费任何一个环节出现与食品安全相关的问题,都会沿着整个供应链逐步扩散,形成更大的食品安全风险,给消费者的权益和社会带来危害,严重影响食品供应链上下游供应商、生产商、零售商的社会声誉,给食品供应链上所有成员企业造成经济损失。违法成本低,个别食品企业缺乏自我道德约束,食品安全责任缺失,忽视消费者和利益相关方的利益,为了追求利润而不择手段等,是导致食品安全事件发生的主要原因。

党的十九大提出了经济可持续发展、生态可持续发展和社会可持续发展的战略发展目标,可持续发展是顺应时代变迁和社会经济需求而产生的发展模式。可持续供应链管理这一概念,即在传统供应链管理中融入可持续发展的理念,在供应链管理中加强企业社会责任和环境保护意识。通过有效的可持续供应链管理实践,可以促使供应链企业达到社会、环境和经济整体效益最大化，从而让供应链企业实现长远发展的目标。可持续供应链管理是未来供应链与企业管理发展的新趋势，是企业追求长远发展的更高要求和远景战略（Bai 和 Sarkis，2010）。然而，目前在中国及世界其他国家，可持续供应链管理的相关理论和实践尚处于初步形成阶段。

随着政府对食品行业监管力度的不断加大，消费者对食品质量要求的日益增强，以及食品行业市场竞争的加剧，一部分食品企业为了寻求更好的发展，提升食品供应链核心竞争力，已经开始探索转型升级策略，制定从源头到终端的可持续发展规划，贯彻以产品质量提升为核心的经营理念，在采购、生产、包装、物流、销售等方面，全流程开展环境治理和企业社会责任管理等可持续供应链管理的相关实践，以降低供应链运营风险，实现企业的社会、环境和经济效益的整体改善。例如，蒙牛乳业可持续供应链发展战略为"营养健康、成长共赢、环境友好、扶贫攻坚"四个方面，以实现供应链"更高的品质""更好的增长""更绿色的发展"和"更多的贡献"为目标；伊利乳业的可持续供应链战略与目标为"产业链共赢、质量与创新、社会公益、营养与健康"；可口可乐公司一直致力于农业、人权与劳工权益、包装与回收、水资源管理、气候保护、回馈社会和女性经济赋能等七个领域的生态环境与社会责任管理，将可持续供应链管理实践融入生产经营之中，促进企业与社会的可持续发展。

由于日益增长的竞争压力和自身发展需要，越来越多的食品企业开始向社会公众及其利益相关方做出社会责任和环境保护的有关承诺，确立并发布了企业的可持续发展目标，开展有关可持续供应链管理实践等（Lee 和 Klassen，2010）。但是距离可持续供应链管理实践在食品行业全面实施，食品可持续供应链管理理论构建仍然存在较大的差距。目前只有为数不多的一些龙头食品企业在供应链管理中全面推行环境和社会责任管理，并在企业环境保护和社会责任方面做了系统的部署，制定了食品企业可持续发展战略。大多数食品企业并未真正理解可持续供应链管理实践对食品安全水平及食品企业绩效提升的重要性，对如何开展可持续供应链管理缺乏实践和理论指导。

人们日益增长的美好生活需求对加强食品安全工作提出了更高要求；推进国家治理体系和治理能力现代化，推动食品产业高质量发展，实施健康中国战略和乡村振兴战略，为解决食品安全问题提供了前所未有的历史机遇。食品安全保障是建设全面小康社会的重要指标之一，是国民健康的必然需要，是健康中国战略的重要组成部分，也是各级党委和政府的主要职责之一。

2021年4月第二次修正并实施的《中华人民共和国食品安全法》（以下简称《食品安全法》）及2019年发布的《中共中央 国务院关于深化改革加强食品安全工作的意见》（以下简称《意见》）是国家层面建立的食品安全监管制度，《意见》明确指出我国应积极推进食品安全社会共治格局，构建食品安全多元治理模式，实现政府、企业和社会公众联合起来，共同完成对食品安全的治理。

食品行业实施可持续供应链管理是否有助于食品企业提高食品安全水平及企业绩效？能否为我国食品安全社会共同治理提供新思路与新途径？食品企业如何开展可持续供应链管理？食品行业可持续供应链管理实践体系包括什么？政府部门与行业协会、社会公众如何推动食品企业实施可持续供应链管理？

为回答以上问题，本研究基于可持续供应链管理的视角，构建中国食品企业可持续供应链管理实践体系；揭示我国食品企业实施可持续供应链管理实践对食品安全水平及企业绩效提升的作用机理；针对不同规模食品企业，从外部利益相关方的视角探讨其实施可持续供应链管理的驱动因素与机制；倡导我国食品企业在政府部门、行业协会、媒体、消费者以及企业等内外部环境的推动下全面实施可持续供应链管理；为食品企业自身及供应链上下游成员在环境管理和社会责任管理方面的实践提供决策参考；推动食品供应链核心企业带动整个食品供应链安全水平的提升；为我国建立食品安全共同治理模式提供新的思路与方法。

1.2 研究目的和意义

可持续供应链管理作为企业供应链管理的新理论和新方法，在国内外部分行业已开展了实践和应用研究。可持续供应链管理有助于降低企业的运营风险，提升企业经济、环境、社会责任绩效，实现企业整体效益最大化，促进企业长远发展。然而，食品企业可持续供应链管理的实践和理论研究尚处于探索阶段，食品企业可持续供应链管理是否有助于企业食品安全水平的提升，能否成为食品企业开展食品安全治理的主动行为和有效手段，以及食品企业可持续供应链管理的驱动因素和机理等问题还有待进一步研究。

本研究以食品企业可持续供应链管理与食品安全共同治理为研究对象，构建食品企业可持续供应链管理实践体系，揭示食品企业可持续供应链管理实践对食品安全水平及食品企业绩效提升的作用机理，探讨不同规模食品企业可持续供应链管理的驱动因素，进而给出基于可持续供应链管理视角下的我国食品安全社会共同治理的策略。

本研究的理论意义在于：首先，构建了中国食品企业可持续供应链管理实践体系，完善了食品企业可持续供应链管理实践在组织层面的各维度测量；其次，探索食品企业可持续供应链管理实践对企业食品安全水平和企业绩效的作用机理，并且从可持续供应链管理的视角探讨食品安全治理问题，丰富了食品企业可持续供应链管理在食品安全领域的研究；最后，从外部利益相关方的角度揭示了食品企业可持续供应链管理的外部驱动因素，有助于推动可持续供应链管理在食品产业全面实施。

本研究的实践意义在于：对食品企业及政府部门、行业协会等的食品安全管理工作具有一定的借鉴意义。对食品企业来说，本研究明确了食品企业主动实施可持续供应链管理和开展食品安全治理的必要性，构建了我国食品企业可持续供应链管理实践体系，为食品企业实施可持续供应链管理提供了指导和参考。食品企业对自身和供应链成员开展可持续供应链管理实践，强化食品安全治理责任，有利于降低企业运营风险，进而促使企业食品安全水平和企业经济、环境及社会整体绩效的同步提升，实现企业长远健康发展。

对政府部门和行业协会等食品安全管理部门来说，本研究为其开展食品安全治理和决策提供了新的思路和理论基础。政府部门及行业协会可以通过制定食品企业可持续供应链管理实施标准，加强可持续供应链管理的普及和实施推广工作，开展可持续发展评价并进行奖励，促进食品企业加强企业环境和社会责任管理，进而提升食品安全水平。

本研究同时也为媒体、消费者及社会公众积极参与可持续供应链管理、实现食品安全共同治理提供了可行的参考建议。

在可持续供应链管理视角下，我国食品安全社会共同治理体系的构建实现了食品安全治理主体从单一主体（政府部门）到政府部门、行业协会、食品企业、媒体、消费者等多主体共同参与的转变，治理方式实现了从自上而下的单向监督管理到多主体间共同参与、良性互动的转变。这一新的食品安全社会共同治理方式的转变能够有效提升食品安全的治理效果，可以满足人们对健康食品及美好生活的需求，推动我国食品行业的健康可持续发展。

1.3 研究内容及创新点

1.3.1 研究内容

本研究基于可持续供应链管理的视角，通过文献综述研究及我国食品企业的案例研究和实证研究，构建了我国食品企业可持续供应链管理实践体系，设计了中国食品企业可持续供应链管理实践量表，探讨了我国食品企业实施可持续供应链管理实践对食品安全水平及企业绩效提升的作用机理，揭示了食品企业实施可持续供应链管理的驱动因素与机制，从政府部门、行业协会、媒体、消费者层面给出了推动食品企业实施可持续供应链管理的建议,提出了可持续供应链管理视角下我国食品安全共同治理的政策建议。

(1) 中国食品企业可持续供应链管理实践体系构建与量表设计。目前,我国食品企业已经开展了形式多样,具有创新性的环境管理和社会责任管理实践,然而有关食品企业可持续供应链管理的实践框架体系尚未提出。本研究通过对30多家中国食品企业深度访谈及案例研究,梳理其已开展的可持续供应链管理实践,结合理论研究设计出调查问卷,并对92家食品企业展开调研,利用探索性因子分析,给出中国食品企业可持续供应链管理实践体系,设计出食品企业可持续供应链管理实践的量表。本研究通过合理地构建食品企业可持续供应链管理实践框架体系,为食品供应链核心企业能够有效开展可持续供应链管理提供依据和指导建议。

(2) 食品企业可持续供应链管理与企业绩效及食品安全水平影响关系研究。本研究分析了食品企业可持续供应链管理中内部可持续供应链管理实践(内部社会责任管理实践、内部环境管理实践)和外部可持续供应链管理实践(监督评价供应链上下游企业、与供应链上下游企业合作)分别对食品企业社会绩效、环境绩效和经济绩效三个维度的影响关系,还分析了食品企业可持续供应链管理实践对食品安全水平的影响关系以及食品安全水平对食品企业绩效的影响关系,并创新性地探讨了食品安全水平在这些影响过程中的中介作用,揭示了食品企业可持续供应链管理对食品安全水平及企业绩效提升的作用机理。

(3) 不同规模的食品企业可持续供应链管理驱动因素与机制研究。本研究分析了不同规模的食品企业在可持续供应链管理实践和食品安全水平等方面是否存在显著的差异性;然后从利益相关方理论视角出发,在外部利益相关方中选择政府部门、媒体、行业协会以及消费者来分别研究不同外部利益相关方的策略对食品企业可持续供应链管理的驱动因素与机制,其中在研究利益相关方策略与可持续供应链管理实践二者之间的关系时,选择企业规模作为调节变量，比较不同的利益相关方策略对大型食品企业和中小型食品企业实施可持续供应链管理实践的驱动差异。

（4）可持续供应链管理视角下食品安全共同治理的政策建议。本研究基于食品企业可持续供应链管理驱动因素与机理分析，给出政府部门、行业协会、媒体及消费者层面推动食品企业实施可持续供应链管理的政策建议，即政府部门、行业协会、媒体及消费者层面的食品安全治理策略；基于食品企业可持续供应链管理实践对食品安全水平及企业绩效影响的研究，给出食品企业内部及对供应链上下游企业的可持续供应链管理实践，即从食品供应链核心企业层面出发的食品安全治理策略；整合全部研究内容，给出基于可持续供应链管理视角下我国以食品企业为主体，政府部门、行业协会、媒体以及消费者等多元主体参与的食品安全共同治理策略。

1.3.2 研究创新点

（1）研究视角的创新。目前，针对我国食品安全治理的研究多从政府监管层面提出政策法规建议，本研究则是立足于食品企业可持续供应链管理，将食品企业可持续供应链管理与食品安全治理有机融合，明确了食品企业实施可持续供应链管理是提升食品安全水平的有效途径，从食品企业可持续供应链管理的视角来探讨食品企业对自身及供应链成员的食品安全治理策略，以及政府部门、行业协会、媒体、消费者如何推动食品企业实施可持续供应链管理，以期实现食品安全水平和企业绩效的同步提升，促进食品企业的长远发展。可持续供应链管理视角下我国食品安全社会共同治理体系的构建，实现了食品安全治理主体从单一主体（政府部门）到政府部门、行业协会、食品企业、媒体、消费者等多主体共同参与的转变，治理方式实现了从自上而下的单向监督管理到多主体间共同参与、良性互动的转变。

（2）研究框架的创新。本研究在传统的食品供应链管理中融入社会责任和环境保护等可持续发展理念，构建了中国食品企业可持续供应链管理的实践体系，揭示了食品企业可持续供应链管理实践对提升食品安全水平及企业绩效的作用机理，为食品企业长远发展提供了新的理论基础。本研究基于外部利益相关方的视角探讨了如何从政府部门、行业协会、媒体、消费者层面针对不同规模的食品企业开展有效的驱动策略，推动食品企业实施可持续供应链管理，进而提升食品安全水平。本研究基于实证研究的结论，给出食品企业层面和政府部门、行业协会、社会公众层面的可持续供应链管理实践内涵与驱动机理，即我国政府、企业和社会公众多元参与的食品安全共同治理模式和策略。

（3）研究方法的创新。实证研究问卷的设计一般有两种方法，一是借鉴和沿用已有成熟量表，二是自行开发符合研究情境的量表。本研究采用第二种方法，对我国食品企业高层管理者以及可持续供应链管理相关专家进行深度访谈，搜集之前学者的相关文献，对访谈材料进行内容分析，梳理已有可持续供应链管理实践的文献，提炼生成中国食品企业可持续供应链管理的初步测量指标，发放问卷并对收回的数据运用探索性因子分析等方法进行分析，完成可持续供应链管理实践量表的设计，构建中国食品企业可持续供应链管理实践结构体系。本研究借鉴和沿用企业绩效、食品安全水平等已有的成熟量表，设计出适用于调查我国食品企业可持续供应链管理以及企业绩效等指标的调查问卷；运用结构方程、分层回归分析等统计学分析方法对数据进行分析，使得研究结论能更有效地指导企业实践。本研究将丰富和发展可持续供应链管理理论基础及实证研究。

1.4　主要研究方法

首先，本研究通过查阅相关文献资料，整理归纳前人的研究成果，发现目前研究中的不足；其次，针对我国食品行业的特点，构建中国食品企业可持续供应链管理实践体系，构建实证研究概念模型，设计问卷，开展数据搜集，研究食品企业可持续供应链管理实践对食品安全水平及企业绩效的影响关系；最后，针对不同规模食品企业实施可持续供应链管理的差异，基于利益相关方理论探讨食品企业可持续供应链管理实施的驱动因素和机制。具体研究方法如下所述。

（1）文献研究法

基于本研究内容，查阅和整理相关文献，对前人的研究成果做出总结分析，进而发现目前研究中的不足之处，从而提出本研究的框架和创新点，作为本研究的理论基础。在阅读文献的过程中，归纳和分析可持续供应链管理的实践体系、可持续食品供应链管理实践对企业绩效的影响机制、食品安全水平在食品企业可持续供应链管理实践对企业绩效影响的中介作用。

（2）案例研究与访谈

对雀巢、百事可乐、可口可乐、联合利华、达能等世界知名跨国公司，以及万洲国际、伊利、蒙牛、康师傅、娃哈哈、九三粮油、金锣、汇福粮油、三元等我国百强食品企业开展实地调研与深度访谈，并进行案例研究，构建其可持续供应链管理实践体系和框架，探讨可持续供应链管理实践对食品安全治理及企业可持续绩效的相关作用机理。

（3）问卷调查与统计分析方法

本研究对食品企业可持续供应链管理实践内容调查问卷回收的数据利用 SPSS 进行探索性因子分析，得出中国食品企业可持续供应链管理实践体系测量量表。同时，借鉴并补充食品安全水平、企业绩效等已有的成熟量表，设计出适用于调查我国食品企业可持续供应链管理及企业绩效等指标的调查问卷。对收回的问卷调查数据，首先，将其录入 Excel 中，对数据进行筛选和分析，运用 SPSS 对数据进行预处理和统计性描述；其次，利用 SmartPLS 软件，采用结构方程模型验证食品企业可持续供应链管理实践、食品安全水平、企业绩效三者关系，揭示食品安全水平在食品企业可持续供应链管理实践对企业绩效影响的中介作用；最后，利用分层回归的方法，验证企业规模调节作用下不同外部利益相关方驱动策略对食品企业可持续供应链管理实践的影响关系。

1.5　全书结构与研究流程

本书共分为 7 章，主要内容如下所述。

第 1 章是绪论，主要介绍研究背景，研究目的和意义，研究内容及创新点，主要研究方法等，并概括介绍了全书结构与研究流程。

第 2 章是基础理论与文献综述，内容包括可持续供应链管理研究回顾、食品安全问题及其成因分析、食品安全监督与治理、食品企业可持续发展等。

第 3 章是研究设计与理论模型，主要介绍了本研究的研究框架、研究内容及研究设计等。

第 4 章是中国食品企业可持续供应链管理实践体系的构建与量表设计。本章先介绍中国食品企业可持续供应链管理实践体系的构建思路，再介绍如何通过问卷调查进行探索性因子分析，得出了符合中国食品企业的可持续供应链管理实践体系，设计出中国食品企业可持续供应链管理实践的测量量表。

第 5 章是可持续供应链管理实践对企业绩效及食品安全水平影响关系的研究。首先，本章对研究模型进行阐述，并在理论模型中表明各种假设之间的内在联系；其次，介绍样本特征描述和各测量工具的信度和效度检验，以及共同方法偏差检验；再次，揭示食品企业可持续供应链管理实践对食品安全水平的影响；最后，探究食品安全水平对食品企业绩效的影响，并创新性地探讨食品安全水平在这些影响过程中的中介作用，揭示了食品企业可持续供应链管理可以实现食品安全水平与食品企业绩效的同步提升。

第6章是不同规模食品企业可持续供应链管理驱动因素与机制研究。本章基于外部利益相关方视角构建食品企业可持续供应链管理驱动因素的理论模型，针对目前我国不同规模食品企业可持续供应链管理实施现状和主动性的差异，引入食品规模作为调节变量，探讨不同利益相关方驱动策略对于食品企业开展可持续供应链管理是否存在显著的差异性，进而从利益相关方的角度针对不同规模的食品企业给出差异化的驱动策略。

第7章是研究结论与应用，基于上述研究结果，说明研究结论，提出可持续供应链管理视角下我国食品安全社会共同治理策略，最后总结研究贡献，给出研究局限以及后续的研究建议。

第 2 章
基础理论与文献综述

2.1 可持续供应链管理研究回顾

自 1987 年联合国环境与发展大会提出"可持续发展"的定义以来，可持续发展研究的热度从未衰减过。从 20 世纪 90 年代开始，可持续发展理念逐渐进入企业与供应链等微观层面，从关注以企业环境保护为导向的绿色供应链（Drumwright，1994；Green 等，1998；Carter 和 Jennings，2002）到企业社会责任的研究（Garriga 和 Mele，2004；Porter 和 Kramer，2006），并由 Carter 和 Rogers（2008）提出了可持续供应链管理的概念。国内学者朱庆华（2008）从研究绿色供应链开始，逐步关注可持续供应链管理的相关理论。

可持续供应链管理是可持续发展理论在供应链企业层面的具体应用，整合了绿色供应链管理与供应链企业社会责任的研究成果，是可持续发展与供应链管理相结合而形成的新概念和研究框架，是未来企业管理和供应链管理发展的新趋势。

2.1.1 可持续发展

1987 年，联合国环境与发展大会发表了题为《我们共同的未来》的报告，提出了"可持续发展"的定义：既满足当代人的需求，又不损害后代人满足其需求能力的发展。目前，这个定义已经被广泛接受和认可。该叙述涉及两个重要的概念：首先是"需求"的概念，特别是世界各国人民的基本需求，应将这一点放在优先地位来考虑；其次是"不损害"的概念，即为了环境和社会的可持续发展，对技术状况和社会组织施加适当限制，从而满足后代人的需求。可持续发展构成了一个密不可分的系统，既要达到发展经济的目的，又要保护好人类赖以生存的大气、淡水、海洋、土地、森林等自然资源和环境，使子孙后代能够持续发展和安居乐业。可持续发展与环境保护既有联系，又不等同，环境保护是可持续发展的重要方面。可持续发展的核心是发展，要求在严格控制人口、提高人口素质和保护环境、资源持续利用的前提下进行经济和社会的发展。发展是可持续发展的前提，人是可持续发展的中心体，可持续长久的发展才是真正的发展。

第二次世界大战以来，全球的发展观经历了几次重大变革，从"增长理论"到"发展理论"再到"可持续发展理论"（齐晔和蔡琴，2010），人类对发展的认识逐渐深化。人类社会的发展表现出全球化的趋势，但是不同国家与地区的发展水平是不同的，而且不同国家与地区又有异质性的文化、体制、地理环境、国际环境等发展背景（文富德，1998）。同时，可持续发展是一个综合性、全球性的概念，要考虑到不同地域实体的可接受性，因此，可持续发展本身包含了多样性、多模式、多维度选择的含义（Bolis 等，2014）。在可持续发展这个全球性目标的约束和制导下，各国与各地区在实施可持续发展战略时，应该从国情或区情出发，走符合本国或本地区实际的、多样性、多模式的可持续发展道路。

进入21世纪，人口老龄化和城市化进程过快、经济增长方式需要转变、资源紧缺与环境污染等问题备受人们关注。未来的中国需要发展，就需要有长远的目光，走可持续发展之路便成为新时代中国发展的重中之重（田雪原，2003）。十九大报告就当前人们日益增长的优美环境需要进行了全方位的剖析，重点强调了提升生态产品建设力度的任务，这些政策方针给未来中国的可持续发展指明了方向，规划了路线，提供了强劲的驱动力。

英国 Sustain Ability 公司总裁约翰·艾尔金顿（John Elkington）于 1998 年首次提出三重底线理论，从微观经济学的角度阐述了企业在追求自身发展的过程中，需要同时满足经济繁荣、环境保护和社会福利三方面的平衡发展。传统意义上，利润已成为企业经营的底线，企业经营所追求的是利润，是股东的经济利益。三重底线是同时在经济、环境、社会三个维度上所达到的最大的绩效，是对过去单一底线经营理念的更新。三重底线理论要求企业在重视传统的财务资本的同时，还要关注社会资本（如诚信合作、善待员工和社区和谐等）及环境资本（如自然资源、生态保护和回收循环等），即要求企业经营目标从单一的利润最大化转向经济、环境、社会三个维度整体目标的最大化。

可持续性的本质是在发展过程中维护人类生存与发展的可持续性，综合考虑经济、环境、社会问题，是对经济可持续性、环境可持续性和社会可持续性更广范围的集成。也就是说，可持续性来自对经济、环境和社会三个目标产生的一个平衡回报，只有在这三重底线的交汇处采取行动，企业才能积极改善社会和自然环境，同时获取长期经济效益和持久竞争优势，具体如图 2-1 所示。

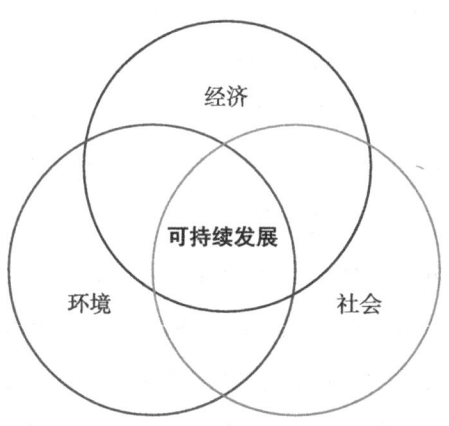

图 2-1　三重底线与可持续发展的关系

2.1.2 可持续供应链管理

在动态的商业竞争环境里,企业之间的竞争正被供应链的竞争所取代。供应链管理的发展大致经历从企业部门内部功能整合,到企业内部部门间的集成,再到企业间的外部整合这三个阶段。在此发展过程中,环境问题、社会问题很少被提及,人们主要关注企业的生产力水平、成本和效率等与经济效益相关的因素。从20世纪90年代开始,可持续发展的理念逐渐进入企业与供应链等微观层面,早期可持续供应链管理(Sustainable Supply Chain Management,SSCM)是从绿色供应链管理、企业社会责任管理等概念发展而来的。

(1)绿色供应链管理

1996年,密歇根州立大学制造研究所针对制造业企业开展了环境责任研究,并提出了绿色供应链管理的概念。进入21世纪,欧盟倡议绿色产品设计与生产,对供应链企业发展产生了积极效应。欧盟国家看准供应链间环环相扣的利益关系,积极将一些环保诉求摆脱过去道德劝说的层面,开始立法,以欧盟庞大的商业市场为后盾,带领全世界制造业进入一个对环境更友善的新纪元(Fischer等,2009)。从供应链整个流程看,绿色供应链管理的关键点是绿色产品设计。绿色产品设计指在产品设计阶段,在保证产品功能和消费者的消费特性的前提下,对选材、生产工艺、销售、使用及回收进行事前评估,充分考虑各环节对环境的影响,从而事前保证产品的绿色功能。绿色材料和绿色生产都是绿色产品设计的重要组成部分。

绿色供应链管理在供应链管理中融入了对环境的管理,即如何在供应链管理活动中减少资源浪费、能源消耗、有害物质排放,以及增加物质资料的再循环再使用。由于绿色供应链管理考虑到对环境的影响,因此使得原有供应链管理的行为约束条件发生了变化,即从经济的单因素制约变成了经济与环境的双因素制约。很多学者在传统供应链的基础上加入绿色采购、生态设计、再制造、回收和再利用等方面的测量,把环境因素作为竞争优势的一个机会，在分析供应链管理实践对企业绩效的影响中加入了环境绩效的维度。Stevels（2002）指出，供应商与制造商在生态设计领域和制造过程中进行合作能产生生态和经济效益。Rao 和 Holt（2013）认为，企业可以从供应链生产、流通各个环节加强环境保护，减少环境影响，把环境因素作为企业竞争优势的一个重要方面。Roland 和 Wright（2000）应用生命周期分析法研究了产品供应链中环境影响与经济增值之间的关系。很多学者在研究供应链管理实践中加入了生态环保的采购、设计等方面的测量，指出企业与供应链伙伴在环境方面的合作能够带来更大的机会和利润。

国内学者对绿色供应链管理的研究起步较晚，但是随着国内外对环境保护的重视，国内对绿色供应链的研究也在逐步发展。但斌等（2000）认为在整个供应链中综合考虑环境影响和资源效率，以绿色制造理论和供应链管理为基础，涉及供应商、销售商和用户，目的是使产品从物料获取、加工、包装、仓储、运输、使用到报废处理的整个过程对环境的影响最小，资源效率最高。蒋洪伟等（2000）讨论了绿色供应链管理，他们认为绿色供应链管理的具体内容包括六个方面：绿色设计、绿色材料选择、绿色制造工艺、绿色回收、绿色包装与绿色消费。王能民和杨彤（2006）从绿色供应链区别于一般供应链运作的特征出发，将绿色供应链的协调机制分为战略层协调、动机层协调、业务层协调三个层次。陈傲（2006）结合我国制造业的现状与特点，以及对国内外成功企业的案例分析，探讨了制造业绿色供应链的具体实施方案，为我国制造企业实施绿色供应链管理提供了参考。

（2）企业社会责任管理

可持续供应链管理的另外一个早期分支是关于企业社会责任（Corporate Social Responsibility，CSR）的研究。企业社会责任，是指企业在商业运作过程中对其利害关系人应负的责任。企业社会责任的概念是基于商业运作必须符合可持续发展的理念提出的，企业除了考虑自身的财务和经营状况外，也要考虑其对社会和自然环境所造成的影响，促成有利于社会的结果产生或防止坏的后果产生。利害关系人是指所有可以影响企业或被企业的决策和行动所影响的个体或群体，包括员工、顾客、供应商、社区团体、母公司或附属公司、合作伙伴、投资者和股东等。以往的研究表明，企业社会责任管理是企业获得竞争优势的重要因素（Garriga 和 Mele，2004；Porter 和 Kramer，2006；Baron 和 Private，2010）。Carroll（1979）通过将尚未列入法律范围的伦理规范纳入社会责任范畴，从而扩大了社会责任这一概念的外延，同时也产生了新的解释，那就是社会责任是指从法律、经济等角度出发，社会对企业的期望总和。Freeman（1984）则明确提出另一个后来对研究有重大影响力的要素——利益相关方。在他的理论框架下，这一要素进入企业社会责任范畴能够加快利益的实现。此观点具有很大的开创性，也为其后的学者们提供了新的研究思路。

在近几年对企业社会责任管理的研究中，Dai（2015）指出，企业社会责任可以分为两类，一类是反应型企业社会责任，另一类是战略型企业社会责任。反应型企业社会责任有两种形式：一是做一个良好的企业公民，关心各利益相关方所关注的社会问题的变化；二是减少企业经营活动已经产生的或可能产生的负面影响。战略型企业社会责任则要求不仅仅做一个良好的企业公民和减轻价值链活动所造成的不利影响，还要推出一些能产生显著而独特的社会效益和企业效益的重大举措。战略型企业社会责任既包括由内及外的维度，也包括由外及内的维度，两者相辅相成——创造共享价值的机会恰恰蕴藏在这里。战略型企业社会责任还包括投资于竞争环境中某些能促进企业竞争力提高的社会因素，发挥出企业与社会的共享价值，并由此建立企业与社会的共生关系。

Lanis（2015）认为企业社会责任日常管理体系，是指把履行社会责任的要求融入企业运营全过程和日常管理，完善公司各部门、各单位、各岗位的工作职责、管理要求与行为守则，其职能管理支持体系包括人力资源管理、财务资源管理、科技资源管理、信息资源管理、企业文化建设和风险控制体系等。Lee（2017）发现，如果企业想通过核心业务为社会做出贡献，那么履行社会责任不仅仅是消耗其成本、扩大企业约束或增加企业慈善的行为，它还可能是企业创新和竞争的有力来源。

（3）可持续供应链管理

绿色供应链管理是将环境因素加入供应链管理中，目标是使供应链生产与经营对环境的影响最小，以及资源利用的效率最高，其较少考虑供应链的社会效益和集成的三重底线绩效。企业社会责任管理较多考虑的是企业与利益相关方及社会的融合发展。因此，为系统解决传统供应链管理与环境和社会的相容性问题，学者们开始将可持续发展的理念引入供应链管理，可持续供应链管理于近些年被国外学者提出。与绿色供应链管理、企业社会责任研究相比，产生在可持续性和供应链管理交互作用基础上的可持续供应链管理最大的不同在于，其在追求经济效益的同时不仅要考虑环境方面的影响，还要考虑整体协调环境和社会效益，追求整体效益的最大化。

Stefan Seuring 和 Martin Müller（2008）认为可持续供应链管理应综合考虑由客户和利益相关方的需求驱动的可持续发展的经济、环境和社会三个维度目标，对供应链中的物流、信息流、资金流及供应链上企业间的合作进行管理。Linton 等（2007）的研究也指出，可持续供应链不仅仅是关于环境的，还是关于经济和社会的可持续的整体协调与运营。Carter 和 Rogers（2008）给出可持续供应链管理的定义：为增进企业和企业供应链的长期经济效益，通过系统协调跨组织业务流程，对业务流程进行战略整合，实现社会、环境和经济目标整体最优。

可持续供应链管理被认为是一个新的领域，近年来国内外学者对可持续供应链管理的研究兴趣逐渐增加。Pegell 等（2010）在 Carter（2008）等人的研究基础上，从宏观的角度定义可持续性为经济发展、环境保护、社会公平之间的平衡。Zailani 等（2012）从可持续供应链管理的概念出发，通过实证研究对环境、经济、社会和公司运行四类调查数据进行统计分析，验证了环保采购对经济、社会、公司运行具有积极影响，可持续包装对环境、经济和社会具有良好作用。Kuo等（2018）也对可持续供应链管理进行了实证研究，指出可持续供应链管理中企业承担环境和社会责任，是企业提高市场竞争力、顺应社会发展趋势的必然要求。

根据Tseng（2018）的研究，可持续供应链管理可以理解为可持续发展和供应链管理的融合，其中可持续发展是对与人类发展相关的环境、社会和经济问题的整合，通过建立在三重底线的三个维度，探究供应链管理如何影响企业的战略和行为。

可持续供应链管理研究在我国起步较晚。张荣杰和张健（2012）认为可持续供应链管理是在供应链整个流程内综合资源效率和社会影响的一种现代管理模式。可持续供应链管理的目的是保证供应链上的产品从原材料获取、生产加工、包装、仓储、运输、使用到回收处理的整个过程对环境和社会的负面影响最小。许建和田宇（2014）论述了可持续供应链管理的概念与内涵，提出了可持续供应链的体系结构，并探讨了可持续供应链管理实践的主要内容。朱庆华（2008）认为，可持续供应链管理就是从系统的观点与集成的思想出发，解决制造业与环境和社会之间的冲突。肖序和曾辉祥（2017）认为，可持续供应链管理是一种新的管理模式，把充分考虑环境和社会问题、循环运作模式以及充分应用现代网络技术当作可持续供应链管理的基本思想。杨秋玲等（2017）基于经济、社会和环境三重底线原则，将可持续供应链定义为：可持续供应链是经济绩效、社会绩效与环境绩效协调一致的可持续发展供应链。许建和田宇（2014）针对汽车行业的可持续发展、供应链管理与企业社会责任的理论基础，提出了关于汽车行业的可持续供应链视角下企业社会责任风险的评价指标，运用层次分析法与模拟评分法得出指标权重与分数，再对企业社会责任风险进行评价。当前国内的可持续供应链管理理论与实践不断发展，许建和田宇（2014）指出，在整个供应链管理中，应用绿色制造理论，关注资源利用和环境影响，可以使产品在原材料采购、生产、加工、包装、仓储、运输、销售等环节对环境和社会造成的影响最小，从而提高整个供应链的可持续发展能力。肖序和曾辉祥（2017）提出了可持续供应链管理要求企业在考虑自身经济利益的同时，也要注重社会和环境两方面的和谐发展，加强企业社会责任和环保意识。李文君和王海兵（2017）认为企业可持续供应链管理主要包括可持续战略、绿色采购、废弃物管理、技术创新、社会责任五方面的内容。

可持续供应链管理是在绿色供应链管理和企业社会责任的基础上，以追求企业经济、环境、社会整体效益最大化，实现长远发展而提出的。现有研究可持续供应链管理的文献，多数是关于可持续供应链管理概念解析的，并且对其已经有了一定的认识，对可持续供应链管理理论的研究也取得了一定的进展。但对我国不同行业的企业如何开展可持续供应链管理，以及可持续供应链管理的实证研究相对较少，对组织层面可持续供应链管理实践的各维度测量也不够完善。

2.1.3 可持续供应链管理实践

可持续供应链管理与绿色设计、安全生产、质量控制与管理、库存管理、再制造生产计划与控制、产品回收、逆向物流、废弃物管理、能源使用和减少排放、技术创新、社会责任与员工权益保障、供应商的监督与评价等密切相关，企业可持续供应链管理有丰富的实践内涵（Ramudhin等，2009）。但在具体的实践划分中，由于可持续供应链管理不仅关注经济绩效的发展，还关注环境和社会责任的发展，因此与一般的供应链管理的区别在于，可持续供应链管理是企业及整个供应链以组织可持续发展为目标，开展的一系列供应链活动或实践，主要包括环境管理、社会责任管理和供应链上下游成员可持续供应链管理三个方面的实践（鞠芳辉等，2014）。

(1) 环境管理实践

可持续供应链管理实践活动之一是企业环境管理实践。环境管理的思想来源于人们对环境问题的重视。将环境管理实践视为影响组织绩效的重要因素之一，这方面的研究可以追溯到 Porter 和 van der Linde（1995）、Hart（1998）的发现，他们认为环境管理是在产品的整个生命周期内，将环境影响降到最低所付出的努力，从产品的生产到为顾客服务的全过程，降低环境影响能够提高组织绩效。Timmins（1998）提出环境管理的目标是提高资源利用率，有效地利用资源，将生产过程中的环境影响降到最低，鼓励员工参与环境管理，为环境管理做出必要的转变。根据上述环境管理的定义，企业环境管理决策应当从企业整体考虑，环境管理与企业所有经营活动相关，各个经营环节都应该涉及环境管理。

在企业环境管理的实证研究方面，国内外学者主要在研究绿色供应链时对其进行了研究。朱庆华和曲英（2005）根据对我国314家制造企业的调查结果，研究可持续供应链管理与企业绩效之间的关系以及质量管理对其的影响，旨在说明统计分析在环境管理研究中的应用，并为企业可持续供应链管理提供决策支持。Chaabane 等（2009）指出，绿色供应链管理与绿色设计、环境保护、安全生产、质量控制与管理、产品回收、逆向物流、能源使用和减少排放等环境管理活动密切相关。Zailani 等（2012）指出供应链管理中环保采购的重要性，采购处于企业供应链的最前端，若企业采购行为中没有融入环境管理目标，则企业在环境方面的付出就不会有收获。Jo 等（2015）的研究提出，供应链中企业针对环境责任方面的合作不仅要考虑企业与供应商在目标战略上的共同规划，还要考虑技术合作等关键指标对环境的影响。Puente 等（2016）认为企业与供应商合作，通过共同努力和协调配合，可以提高环境绩效，减少对环境和社会的负面影响。Jakhar（2017）认为随着专业化、精细化管理进一步深入，企业更好地履行环境保护的主体责任，公众更积极地参与环境保护的社会共治，持续的环境改善将更加完善。张劲松等（2018）对可持续发展目标导向与企业供应链管理实践行为的关系进行了研究，发现环境管理目标对企业可持续供应链管理实践行为产生了重要的积极影响。

（2）社会责任管理实践

20世纪80年代末，供应链上企业的社会责任问题开始被关注。霍华德·鲍恩（Howard Bowen）在其1953年出版的《商人的社会责任》（*Social Responsibilities of the Businessman*）一书中明确界定了企业社会责任这一名词，重点提出企业的社会责任目标越广，越有可能带来更多的经济利益。这一概念标志着关于企业社会责任的研究真正意义上的开始。Carroll（1979）通过将尚未列入法律范围的伦理规范纳入社会责任范畴，从而扩大了企业社会责任这一概念的外延，同时也产生了新的解释，那就是企业社会责任是从法律、经济等角度出发，社会对企业的期望总和。Freeman（1984）则明确提出另一个后来对研究有重大影响的要素，即利益相关方理论。在他的理论框架之下，这一要素进入企业社会责任范畴能够加快利益的实现。此观点具有很大的开创性，也为其后的学者们提供了新的研究思路。企业社会责任应当包含道德因素，这一理念引发了其后学界的热烈反响与讨论（高凤莲，2006）。有些学者认为供应链企业对社会责任的履行，不仅是社会对企业的需求，也是企业自身发展的需求，良好的社会责任感能够为企业带来强劲的市场竞争力，提升企业在社会问题上的抗风险能力，企业社会责任概念被正式引入供应链管理体系中（刘婷和张丹，2011）。Cazeri等（2018）指出，在企业社会责任发展程度较高的公司中，可持续发展实践被纳入企业管理体系，同时发现当投资者更看重企业承担社会责任所产生的长期效果时，企业履行社会责任与其经营绩效是正相关的。

进入21世纪，更多学者对企业社会责任管理进行了深层次的实证研究。Carter和Jennings（2004）等把供应链社会责任分为六个方面，包括伦理道德、人权问题、慈善事业、环境、多样性及安全问题，认为这六个方面在供应链决策中非常重要。Fritz等（2009）指出，企业在进行可持续供应链管理时，若缺失社会责任意识与行为，企业信誉这一无形资产将被损害，从而影响企业的可持续发展。Beske等（2014）指出，企业社会责任有助于供应链企业的良性竞争，促进技术创新，改善企业绩效，增强客户信任，促进企业长远发展。随着企业社会责任在全球范围内得到重视，标准化也成了一个重要内容。Liu等（2018）的研究发现，零售价格、回收率和销售数量可能会随着制造商、零售商的社会责任程度增长而同时增加。

总体来说，国外有关可持续发展视角下企业社会责任的研究包括企业在创造利润、对股东和员工承担法律责任的同时，还要承担对消费者、社区和环境的责任，企业的社会责任要求企业必须超越把利润作为唯一目标的传统理念，强调要在生产过程中关注人的价值，强调对环境、消费者、社会的贡献（Hutchins和Sutherland，2008；Welford和Frost，2012；Marshall等，2014；Mani等，2016；Zhu等，2016）。有些企业还将创造就业机会和为周围社区创造福利，为当地人提供教育、医疗保健设施及公众服务等纳入企业外部的社会责任管理实践，从而使企业获得利益相关方的认可和长远的进步（Hutchins和Sutherland，2008；Mani等，2016；Zhu等，2016）。

国内学者对供应链社会责任的研究主要集中在概念、内涵和运行机制等方面。何贤杰等（2012）研究指出，披露社会责任报告的企业较未披露社会责任报告的企业其融资约束程度更低，且信息披露质量与融资约束成反比。李保京和姜启军（2013）基于供应链核心企业的视角，提出供应链社会责任包括经济责任、法律责任、伦理责任和慈善责任四个层面。姜启军和胡珂（2017）认为供应链社会责任主要体现在安全生产、环境保护、就业法规、员工健康和安全、动物福利等方面。针对国有企业，詹小颖（2018）提出我国应该建立企业加强自我管理、政府积极推进建设和社会有效实施监督三方有效协作的国有企业社会责任管理体系。

（3）供应链上下游成员可持续供应链管理实践

企业可持续供应链管理实践还包括企业供应链上下游伙伴的可持续发展（Bai 和 Sarkis，2010），供应链成员都要遵照具体的环境绩效标准和社会绩效标准（Awasthi 等，2010）。对供应链上下游成员实施可持续供应链管理实践有助于提升企业与供应商的合作伙伴关系，实现有效的信息整合，这对企业提升环境和经济绩效具有显著的作用（Golicic 等，2013）。企业可持续供应链管理是以追求企业长远发展为目标，为实现企业经济绩效、环境绩效和社会责任绩效整体效益最大化，而对企业内部及供应链上下游成员各个方面进行管理（Magnus Boström，2015）。帮助供应链成员认识到解决环境和社会责任问题的重要性，如果上下游伙伴没有很好地融入可持续实践中，企业供应链管理就不可能达到可持续性（Preuss，2006；Bai 和 Sarkis，2010）。也就是说，供应链企业应该跨出自己的边界，通过监督和合作的模式与上下游成员建立可持续供应链管理实践框架。

可持续供应链管理实践是企业以实现长远发展为目标，以追求供应链社会、环境、经济效益整体最大化为导向，针对供应链管理开展的主动实践。虽然研究者对可持续供应链管理实践的定义各有侧重，但从本质来看，他们对可持续供应链管理的内涵界定基本一致，即可持续供应链管理就是指供应链中所有企业为了整个供应链的可持续发展而进行的社会责任和环境保护实践。同时，由于不同国家、不同行业供应链企业的特点不同，它们具有不同的技术水平、组织能力，因此各企业面临的竞争与内外部环境具有差异，可持续供应链管理实践在不同国家、不同行业有着多样的实施形式。

2.1.4 可持续供应链管理视角下的企业绩效

可持续供应链管理的核心是将可持续发展理念融入传统的供应链管理中，由此可知，可持续供应链企业绩效不仅要包含经济方面的指标，还应结合并体现企业可持续发展能力的指标。Sarkis（2001）把环境、社会和经济三个维度的影响同时考虑到企业绩效中，关注社会、环境和经济绩效交叉的部分，企业实施的供应链活动除了给企业带来经济效益外，还可以给企业带来社会责任和环境保护方面的正向影响。

目前，企业社会绩效的测量主要针对的是企业对消费者、员工和社区的影响，企业实施可持续供应链管理在很大程度上有助于提高员工的工作能力，并为企业所影响的社区创造有利的发展环境。企业提高社会绩效的表现通常包含以员工为中心的社会绩效和以社区为中心的社会绩效。其中，以员工为中心的社会绩效主要反映在减少员工薪酬不公平方面（Boyd等，2007；Hutchins 和 Sutherland，2008；Welford 和 Frost，2012；Mani 等，2016；Zhu 等，2016），改善员工的健康、工作条件和生活条件（Hutchins 和 Sutherland，2008；Mani 等，2016；Zhu 等，2016），使员工能够在组织内发展自己的能力。而以社会为中心的社会绩效主要反映在提高企业的社会形象方面（Duarte 等，2014），包括为周边社区提供就业/商业机会，提高整个社区的教育水平和健康水平，致力于社会公益等活动（Hutchins 和 Sutherland，2008；Mani 等，2016；Zhu 等，2016）。

目前，环境绩效的维度主要包括清洁生产，降低能源消耗，减少固体废物、液体废物、气体废物、有毒物质的排放，降低污水处理和排放成本，减少环境事故发生的频率（Zhu 和 Sarkis，2007；Rao 等，2009；Harms 等，2013；Esfahbodi 等，2016）。

经济绩效意味着在整个供应链中降低成本和提高效率，从而使企业绩效有所提高（Chen 和 Paulraj，2004）。Zhu 等（2007）提出了材料成本/生产成本的降低是企业实施可持续供应链管理实践下企业可以获得的重要经济绩效来源。企业通过实施可持续供应链管理可以降低能源消耗，从而降低整个供应链成本（Zailani 等，2012；Harms 等，2013；Esfahbodi 等，2016）。Zhou 等（2008）认为企业可以通过有效的可持续供应链管理提高供应链运行效率，减少供应链运营风险，从而减少企业的受罚与违约成本，提高企业经济绩效。Daly 和 Cobb（2017）认为企业通过实施可持续供应链管理可以带来环境、社会绩效的直接提升，进而带来企业经济绩效的间接提升。

国内外学者针对可持续供应链管理实践对企业绩效的影响和作用机理做了大量研究。Carter 和 Rogers（2008）利用三重底线理论，从社会、环境和经济三个方面总结了可持续供应链管理实践给供应链企业带来的潜在优势，其中，社会方面包括企业信誉的增加，产品形象的提升，改善企业在客户、供应商、员工及股东眼里的形象，企业社会影响力的扩大等；环境方面包括工作环境的改善，减少包装浪费，提高资源效率，节能减排，减少环境安全事故等；经济方面包括提高资源利用率带来的成本节约，提高员工积极性带来的劳动成本降低，以及产品销量增高带来的经济利润等。肖序和曾辉祥（2017）通过实证研究指出，在可持续供应链管理中，融入循环经济理念，可以有效地促进企业实现社会、环境和经济效益的平衡。Sila 等（2006）认为，在供应链中实施可持续管理是企业获得竞争优势的重要因素。Gopalakrishnan 等（2012）认为，企业向员工宣传环境绩效和社会责任等方面的知识，可以提高员工可持续发展的意识和积极性，能够更有效地提升经济效益以外的环境和社会绩效。通过实施可持续供应链管理，企业可以在一定程度上减少潜在的供应链运营风险，进而有利于经济绩效的提升（Marshall 和 Toffel，2005）。

近年来，各国学者也针对可持续供应链管理对企业绩效的影响做了大量实证研究。Zailani 等（2012）通过邮件的方式调查了马来西亚 400 家制造企业，并采用因子分析对环境、经济、社会和公司运行四类调查数据进行统计分析，结果表明绿色供应链管理对经济、社会、公司运行具有积极影响，可持续包装对环境、经济和社会具有良好作用。Natalia Yakovleva 等（2012）用定量的方法对英国马铃薯和鸡肉供应链进行了实证研究，发现食品供应链中食品制造阶段对供应链可持续性影响最大，对企业经济绩效的长远发展有显著影响。Kuo 等（2013）通过对中国台湾地区和越南的采访调查，指出可持续供应链管理中企业承担环境和社会责任是企业提高市场竞争力、顺应社会发展趋势的必然要求。Zhu 和 Sarkis（2004）在调查中国市场的过程中发现管理人员采取的环境管理行为为企业提供了"双赢"的局面，既可以改善环境绩效，又可以提高企业经济绩效。

因此，现有研究对可持续供应链企业绩效的测量有了较为清楚和统一的认识，主要集中在社会、环境和经济三个维度。可持续供应链管理实践对企业绩效的提升效果在不同行业有不同的研究结果。学界普遍认为，从长远来看，可持续供应链管理实践对降低企业运行风险，提高供应链核心竞争力，促进企业的经济、环境、社会整体效益的提升具有积极的作用。

2.1.5 可持续供应链管理驱动因素与机理

企业开展可持续供应链管理是企业自身发展的主观意愿，同时受到企业内外部各种正向、负向因素的驱动，探索可持续供应链管理的驱动与阻碍因素及机理对推动可持续供应链管理的实施具有积极的作用。

现有研究将影响可持续供应链管理实施的因素分为外部因素和内部因素，外部因素大多来自企业面临的外部环境和利益相关方的压力，而内部因素与具体的以业务为主导的战略过程相关（Testa 和 Iraldo，2010）。因此，可持续供应链管理的驱动因素包括内部驱动因素和外部驱动因素，内部驱动因素主要是组织因素、战略因素和企业的其他自身因素；外部驱动因素是法律法规、制度、市场、社会、行业竞争者和客户需求等因素（李昊和程大友，2017）。

企业在可持续供应链管理中会面临许多来自企业内部的驱动因素，如内部管理认知。企业管理层对可持续供应链管理的态度很大程度上决定了企业将实施什么样的管理实践。而 Ageron 等（2011）研究表明，高层管理者的承诺是实施可持续供应链管理的重要保障。Lee 和 Klassen（2010）发现，企业实施绿色供应链管理的意愿与管理者的意愿之间存在正相关关系。

Calantone 等（2002）研究发现，中层管理人员和员工的参与也有助于驱动企业实施可持续供应链管理。此外，Arias 和 Guillen（2008）揭示了企业的国际化程度也是环境保护行为广泛实施的关键因素，国际化程度高的企业可以把绿色发展能力传递给别国的下属公司和其他组织。企业规模也可能会影响企业实施可持续供应链管理实践，计国君和杨光勇（2011）就发现，规模越大的企业在环境和社会责任方面付出努力的意愿和程度越高。

供应链内部核心企业的可持续供应链管理实践能够促进整个供应链形成可持续发展的理念，通过其对供应链上下游的监督，可以带动可持续供应链管理的整体实施。外部驱动力来源于各种利益相关方。政府参与企业可持续供应链管理的实施过程，意味着政府会通过制定相关法律法规来规范企业的环境责任和社会责任。许多学者已经证明，由政府颁布的法律法规对可持续供应链管理实践有积极的作用（Capaldi 等，2005）。政府可以通过激励的方式来影响企业，以促进可持续供应链管理实践的实施（Cantor 等，2006）。Brammer 和 Walker（2011）通过对企业实施可持续供应链管理的研究，发现政府颁布相关法律法规可以促进企业实施可持续供应链管理。消费者的压力对市场的需求和对可持续发展有很大的影响。因此，消费者的消费观念也是影响可持续供应链管理实施的外部因素。Menguc（2006）发现环境保护的市场压力加强了高层管理人员对环境保护的承诺。Henriques 和 Sadorsky（1996）调研了 700 家企业，确定了企业采纳积极的环境管理实践决策有时是为了改善同当地社区的关系。行业压力也是企业实施可持续管理的驱动因素之一，研究者认为行业联盟激励企业采纳环境管理实践决策。Kolln 和 Prakash（2002）考察了英国、德国和美国在企业环境管理认证上的特点，这些国家企业的环境认证受到消费者、供应商和规则制定者的影响，来自于行业联盟的利益相关方的影响也很强烈。

可见，企业自身因素、外部环境在企业可持续供应链管理的实施过程中存在驱动和阻力因素，合理的政策设计、根据企业特点制定不同的可持续供应链管理政策对可持续供应链管理的全面实施具有推动作用。

目前有关可持续供应链管理的研究涉及不同国家、不同产业，研究关注点主要包括可持续供应链管理实践对企业绩效的影响以及可持续供应链管理实施的驱动与阻力因素等。由于行业特点和行业的制约因素差异，不同行业可持续供应链实施和发展的阶段也大不相同。

食品行业是关系到民生的重要产业，而且食品行业涉及食品安全这一关键问题，因此在食品行业开展可持续供应链管理、揭示可持续供应链管理对食品安全水平和食品企业发展的推动作用是非常必要的。

2.2　食品安全问题及其成因分析

民以食为天，食以安为先。食品安全是全球性问题，有关食品安全的界定，国际上通常将食品安全划分为两类，一是食品的数量安全，二是食品的质量安全。随着社会经济的飞速发展，食品安全的内涵也在不断发生变化。我国改革开放以后，在市场经济不断发展的条件下，人们的温饱问题已得到解决，我国的食品安全问题已由保障食品的数量安全转移为关注食品的质量安全。

不同国家或地区对食品安全的定义不同，世界卫生组织给出了食品安全的概念，即指人类消费的食品中不应该含有任何可能致害或威胁人体健康的因素，也不应该毒害消费者或让消费者感染疾病，或者带来危及消费者后代健康的风险。联合国粮食及农业组织（Food and Agriculture Organization of the United Nations，FAO）在"世界食品安全与世界食品最高行动计划（1996）"中提出食品安全的定义，即所有人在任何时候都能在物质上和经济上获得足够、安全和富有营养的食物，以满足其健康而积极生活的膳食需要。《食品安全法》第十章附则第一百五十条规定：食品安全，指食品无毒、无害，符合应当有的营养要求，对人体健康不造成任何急性、亚急性或者慢性危害。

食品安全问题的复杂性是由食品供应链的复杂性造成的。食品供应链中环节多，相互依赖，食品的不安全因素可能发生在食品供应链的源头、生产、流通、销售等各个环节，一旦某一个环节出现问题，就会沿着整个供应链蔓延，导致更大的食品安全问题（费威，2015）。Xin（2009）分析了食品供应链中生产环节、加工环节、流通环节和消费环节诱发食品安全问题的原因。Clegg 等（2013）从食品生产企业的角度分析了供应链中食品安全的风险因素和主要来源，指出加强食品供应链管理是有效提高食品品质的途径。食品安全治理应贯穿食品供应链的全过程，降低食品供应链各个环节的风险是有效减少食品安全事件发生的关键（武力，2010）。食品供应链的风险因素可能发生在食品供应链的生产、加工、包装、运输、销售等环节中，每一个环节都会对食品产生污染，进而影响整个食品供应链的安全（王中亮等，2014）。

目前，我国食品供应链呈现同步化和集成化的特点，大多以互联网技术为依托，围绕食品的生产、供应、物流和需求几方面实施。以我国的肉类食品供应链为例，我国大多数地区都采用以龙头企业带动发展的模式。在这种模式下，企业可以与农民进行经济往来，将分散的农户组织起来，形成区域化的布局，实现加工、生产、销售一条龙经济活动，为消费者和市场提供了很好的连接渠道。但是，在传统肉类加工食品供应链中，企业与农户之间的合作关系并不稳固，生产原料和质量难以保证。在食品的生产、加工、包装、运输、销售这些环节中，每一个环节都会对食品产生污染，进而影响整个食品供应链的安全，增加了食品的安全风险。同时，消费者对食品安全缺乏鉴别能力，也是引起食品安全问题发生的主要原因。

通过文献研究和对以往我国食品安全事件统计分析可以看出，食品供应链环境问题和食品企业社会责任缺失是造成食品安全问题的两大主要来源。

2.2.1 环境污染造成的食品安全问题

食品原料（农产品、畜产品与水产品等）在生产过程中被生长环境（水、土壤、空气）中有毒有害物质污染会直接造成食品安全问题。例如，农业生产中农药、兽药、化肥、动植物激素等的过量使用会直接导致动植物食物中的化学品残留物过多。食品生产过程可能受到来自大气、土壤、水等污染问题的影响，导致食品的间接污染，如水污染导致食源性疾患的发生，海域的污染直接影响海产品的卫生质量，城市垃圾焚烧导致周边农田污染等。

在食品加工与制造过程中，由于食品企业未遵守生产环境的相关规定或加工设备不卫生，加工过程中使用的容器、工具、管道清洗不净或使用不当，造成有害物质析出，形成食品污染；个人卫生和环境卫生不良造成食品的微生物污染等都会导致食品安全事件的发生。运输工具或储存场地不洁也会造成食品污染，食品包装材料、运输装备等含有有毒有害物质，食品包装、运输与储存等环节的污染都可能给食品安全造成威胁。

2.2.2 食品企业社会责任缺失造成的食品安全问题

从食品安全问题的根源来看，食品生产企业相关人员在职业道德及诚信方面的缺失也是造成食品安全问题的重要因素。食品企业在生产和加工过程中，为了获取高额经济利润，大量生产廉价食品，并在其中添加各种化学物质和有毒物质，牟取暴利，以次充好，以假代真，生产、销售过期食品，对供应链上游供应商、下游分销商、零售商缺少监管等，都是造成食品安全问题的主要因素。

因此，整个食品供应链从原材料采购、加工、流通到消费，任何一个环节出现环境污染等相关问题，都会沿着整个供应链逐步扩散，形成更大的食品安全风险，造成食品安全问题。同时，食品企业缺乏自我道德约束，食品安全责任缺失，忽视消费者和利益相关方的利益，为了追求利润而不择手段，也是导致食品安全事件发生的主要原因。

2.3 食品安全监管与治理

2.3.1 食品安全政府监管

在有关食品安全监管的研究中，李艳波和刘松先（2007）提出政府部门与食品企业在食品安全保护和监管方面存在博弈，认为构建食品安全必须得到政府部门、食品企业各方共同协作，各自履行责任。Trienekens 和 Zuurbier（2008）认为政府部门应通过建立新的法律法规来应对新的变化，以确保从食品的源头、生产、流通各个环节限制污染，避免各类影响食品安全的因素产生。唐钧和李丹婷（2008）从政府的角度分析了我国食品安全管理的特征和根源，并提出了法律法规、政府监管、制度设计等政策建议。Zuo（2010）认为当前社会关于食品安全的规制力量是分散的，主要依靠市场自身的力量，依靠生产和消费双方的自觉约束，政府更多强调事后规制。Ren 等（2011）认为不论是企业的自我规制，还是消费者保护运动，或是第三方发起的各种认证评级，各个规制主体都可以在披露质量安全信息方面发挥作用，但最有力的规制无疑来自政府监管。

思雨（2016）通过研究得出结论，监管是政府依据规则对市场主体行为进行的单向引导和限制，治理则更加强调多元主体、平等关系和灵活手段。

由此可见，政府对食品安全的监管与处罚是避免食品安全事件发生的有力手段和有效途径，然而政府食品安全监管面临监管任务重、监管力量不足、事后监管等诸多问题。如何改变单一力量的政府监管，通过充分发挥食品企业和其他社会力量的作用来避免食品安全事件发生，改变政府监管中的事后单向引导和限制，实现事先治理，采取更加多元、平等、灵活的食品安全防范方式是解决食品安全问题的关键。

2.3.2 企业食品安全治理

食品企业应积极参与并致力于解决当前食品行业面临的如食品安全、废物处理和公众健康等问题。目前，基于"危害分析与关键控制点"（HACCP）的食品安全管理体系已被世界卫生组织和联合国粮食及农业组织向各自的成员国推荐。HACCP体系与其他质量安全管理体系的主要区别在于，HACCP体系可以使生产者在早期阶段识别潜在的危害并及时进行调控，避免对消费者的健康和社会福利造成伤害或损失。HACCP体系在食品企业中获得了越来越广泛的实施，例如，英国的乳业和美国的水产品加工业被强制要求实施HACCP体系。在发展中国家，食品企业实施HACCP体系也已经成为一种趋势。在美国，为了保证对食品安全进行有效管理，食品企业不仅需要通过HACCP体系认证，还需要建立三级监管体系，采取专业人员进驻食品加工厂、饲养场等方式，从原料采集、生产、流通、销售和售后等各环节对食品安全进行全方位监管（陈博文等，2008）。

食品企业应实施安全生产协议，利用信息技术和供应链风险管理等方法，通过增加食品供应链的透明度来提高质量和安全，控制食品安全水平，减少食品安全事件的发生，以提高消费者的信心（Akkerman等，2010）。Fritz和Schiefer（2009）提出，在食品供应链管理中，加大食品企业信息公开的社会责任，将供应链的信息过程透明化，能够保障食品质量，提高企业的社会声誉，从而增加企业的经济绩效。其中，食品的可追溯性已成为食品企业的一项重要任务，食品追溯系统为食品供应链提供了跟踪产品当前状态的机会，进而能够保证食品质量和安全（Wognum等，2011）。有效的食品可追溯系统通过记录食品供应链各个环节精确、及时、完整和一致的产品信息，能够显著降低食品供应链运营风险和运营成本（Regattieri等，2007）。

由此可见，食品安全防范是食品企业的主体责任，食品企业应诚信生产，积极通过安全风险识别，利用信息技术提高食品供应链各个环节的可追溯性，以提高食品安全水平。

2.3.3 食品安全社会共同治理

食品安全成因的复杂性决定了其解决途径的综合性。除政府监管和食品企业自治外，媒体监督、消费者参与、司法裁判引导行业自律同样是纠正市场失灵，进而保障食品安全的手段。

由于政府管理构架、职责划分、行政成本及部门协调等诸多原因，想要在短时间内单独依靠政府解决食品安全监管体制的问题，尚不容乐观（丁煌和孙文，2014；赫威，2012）。由于食品安全涉及食品生产、加工、储藏、运输、流通和消费等诸多环节，任何一方都难以单独承担安全监管的重责大任（李翔，2017）。Karaman 等（2012）的研究认为，消费者应积极了解保障自身食品安全权益的法律法规，以便通过法律武器维护自身权益，进而为食品安全治理提出有价值、有建设性的食品安全建议和意见。Rafeeque 等（2018）的研究认为，通过各种传播途径在全社会对消费者广泛宣传食品安全的法律法规、食品安全知识等，可以提升消费者参与食品安全社会治理的意识。

因此，食品行业的未来不仅需要食品供应链企业的努力，还需要社会力量的参与，营造可持续发展的食品行业体系，从而形成社会、政府和企业三方对食品安全的共同治理。社会多元主体在防范食品安全风险、揭发食品安全违法行为、降低食品安全事件的影响范围等方面可以发挥积极的作用（王建华等，2016）。

共同治理的食品安全治理新格局要求多元社会力量共同参与食品安全治理，通过各种机制共同保障食品安全，这是我国食品安全监管模式改革的必然选择。共同治理是提高治理效能，解决相对有限的监管资源与相对无限的监管对象之间突出矛盾的重要路径。共同治理能够促进治理公开、透明，有助于提升公众的食品安全信心与满意度。共同治理的食品安全治理体系主要由共治主体结构和责任结构组成，既要明确共治的主体，也要明确各主体的权责，处理好与其他主体的边界（王名等，2014）。共治主体主要包括政府、企业、行业协会、社会组织、媒体、公民等。在理清共治主体的基础上，要进一步明确各主体在共治实践中的地位和作用，准确认识和把握各主体尤其是政府的角色定位。我们要在《食品安全法》对各主体权责所做出的总体要求的基础上，进一步细化社会共治主体各自的权责，明晰各主体的权力边界，实现权力、责任、利益的统一（李洪峰，2016）。

可见，单靠政府部门监管难以从根本上解决食品安全问题，应构建各主体互相配合、互相补充的治理体系，变"监管"为"治理"，才能实现对食品安全问题的标本兼治。然而如何协调各治理主体之间的关系，进一步细化社会共治主体各自的权责，明晰各主体的权力边界，是食品安全社会共同治理工作开展的关键。只有明确食品安全治理主体的责任和义务，才能有效降低食品安全风险，避免食品安全事件的发生。

2.4 食品企业可持续发展

食品安全事件是制约食品企业可持续发展的首要因素（闫云凤和杨来科，2009），在一定程度上损害食品企业及供应链上下游成员的利益。食品企业只有通过有效手段降低食品安全风险，避免食品安全事件的发生，才能实现食品企业的利润增长和可持续发展。

伴随可持续供应链管理的发展，以及食品行业面临的食品安全风险与竞争的日益加剧，一些食品企业为了追求可持续发展，在供应链管理中开展了环境治理和社会责任的探索与实践。例如，可口可乐公司一直致力于农业、人权与劳工权益、包装与回收、水资源管理、气候保护、回馈社会和女性经济赋能等七个领域的生态环境与社会责任管理，将可持续供应链管理实践融入供应链的生产经营中，实现企业与社会的可持续发展。雀巢公司一直与原材料种植基地的农民开展合作,帮助他们提高产品质量,重视农田环境保护,开展绿色农业实践,保护农民权益,以帮助农民获得更多收益。雀巢公司的一系列供应商合作计划帮助雀巢公司提升了原材料的质量,降低了供应链风险。

Prokesch(2000)指出,食品生产企业应制定生产环境战略,降低能耗,减少污染物排放,促进整个食品供应链的可持续发展,进而获取企业在环境和经济方面的双重效益。Kaipia(2013)从三个角度探讨了食品企业可持续发展的解决方案:质量与效率、限制需求和完善管理。

Wu 等(2013)从食品企业的角度指出,食品企业需要在供应和生产过程中的新技术及新包装的使用方面引入新的可持续性计划。Smith(2007)指出,供应链成员间的信任关系和供应链标准对食品供应链的可持续发展都很重要,并从利益相关方角度提出食品企业与农民、学者、创新者、政府和非政府组织进行合作,对提升食品供应链可持续基线水平具有重要的作用。

目前,国外有部分学者已经开始对食品可持续供应链管理实践进行了实证研究。英国学者 Natalia Yakovleva 等(2012)用定量方法对英国马铃薯和鸡肉供应链进行了实证研究,发现食品制造阶段对供应链可持续性影响最大,并提出了可用于实践的供应链各阶段实施可持续发展的建议。Gold 等(2013)对基于 BoP(Base of Pyramid)的食品计划中跨国企业的可持续供应链管理进行了研究,通过分析三个食品行业的案例,探究了跨国公司实现社会、环境和经济绩效整体提升的有效途径。Chan 和 Wang(2013)指出食品企业实施环境管理实践,在食品生产和供应环节,一项新的食品生产技术或流程,新的产品环保包装的使用,在排放更少有害物质的过程中,不仅能够帮助企业改善食品生产加工条件,还能营造良好的食品存储环境,从而保障食品质量与安全。Gimenez(2013)指出,在可持续供应链管理中,食品企业能够有效地监督、评价供应商和经销商,避免或减少污染物在食品供应链中传递,对企业环境绩效有正向作用。Ting 等(2014)对葡萄酒行业可持续供应链进行了详细研究。Borghi等（2014）通过对番茄供应链中产品的生命周期进行评估，开展了对食品工业环境可持续性评价工作。

部分食品企业以可持续发展为目标开展的环境治理与社会责任管理的实践和研究，揭示了其有助于降低食品企业在环境与企业诚信等方面的运营风险。然而，中国食品企业可持续供应链管理实践体系、实施效果及其对食品安全的提升作用还有待进一步揭示。

2.5 文献评述

可持续供应链管理研究主要从可持续供应链管理概念与实践、可持续供应链管理与企业绩效、可持续供应链管理的驱动与阻碍因素等方面展开，揭示了可持续供应链管理是未来供应链管理和企业管理发展的新趋势，对于提升企业绩效、促进企业发展具有正向意义。然而，不同行业具有不同的特点，可持续供应链管理实践内容大不相同，针对食品行业的可持续供应链管理的研究开展得比较少。

国内外部分龙头食品企业在环境治理和社会责任管理方面已经开展的相关实践，提升了企业环境管理能力和企业的诚信经营意识，降低了食品企业在环境污染、社会责任缺失等方面的风险。以可持续发展为目标的食品企业，其可持续供应链管理理念对提升食品企业的综合管理能力和核心竞争力具有积极的推动作用。

龙头食品企业可持续发展的环境和社会责任实践与研究，揭示了食品企业注重环境治理与社会责任管理有助于食品企业降低企业运营风险，提升食品安全水平与企业运营绩效。然而，食品企业如何实施可持续供应链管理？食品行业可持续供应链管理实践体系如何构建？食品企业实施可持续供应链管理能否成为企业主动开展食品安全治理的有效手段？政府、行业协会、社会公众能否依托可持续供应链管理推动食品安全社会共同治理格局的建立？基于以上问题，本研究通过分析食品企业可持续供应链管理实践体系及其驱动因素，揭示了可持续供应链管理对食品安全水平及企业绩效提升的作用机理，以期通过政府、行业协会、媒体、消费者等外部利益相关方驱动策略，推动食品企业对自身及上下游供应链成员开展环境和社会责任治理，促进食品供应链安全水平提升，进一步改善食品企业经济绩效、环境绩效和社会绩效，实现食品企业可持续发展，为我国食品安全共同治理模式的建立提供新思路。

第 3 章
研究设计与理论模型

3.1 研究框架

本研究的主要目标是设计中国食品企业可持续供应链管理实践体系与测量量表，揭示食品企业可持续供应链管理实践对食品安全水平的影响关系，以及食品安全水平对食品企业绩效的影响关系，并探讨食品安全水平在这些影响过程中的中介作用，给出食品供应链核心企业对自身以及供应链上下游伙伴成员的食品安全治理策略。本研究同时探讨了不同规模的食品企业可持续供应链管理实践的驱动因素与机制，给出政府、消费者及行业协会层面推动食品企业实施可持续供应链管理、提升食品安全水平的对策建议。

本研究先将食品企业可持续供应链管理实践作为研究对象，结合可持续供应链管理的理论研究和食品企业的案例研究，介绍了中国食品企业可持续供应链管理实践体系构建思路；之后利用量表设计与调研测试得到的数据，进行探索性因子分析，得出符合中国情境的食品企业可持续供应链管理实践体系，设计出食品企业可持续供应链管理实践测量量表。本研究补充并借鉴食品安全水平、企业绩效等已有的成熟量表，设计出适用于调查我国食品企业可持续供应链管理以及企业绩效等指标的调查问卷，分析收回的调查数据，探讨食品企业可持续供应链管理实践对食品安全水平及食品企业绩效的影响关系，揭示了食品企业可持续供应链管理实践对食品安全水平和企业绩效同步提升的作用机理，给出食品供应链核心企业层面的食品安全治理策略。同时，本研究将企业规模作为调节变量，探讨不同规模的食品企业实施可持续供应链管理的驱动因素和机制，给出政府、行业协会、媒体以及消费者层面推动不同类型食品企业实施可持续供应链管理的政策建议，即政府、行业协会、媒体以及消费者层面的食品安全治理策略，最后给出基于可持续供应链管理视角下我国食品安全多元参与、共同治理的策略。

本研究的研究框架与理论模型如图3-1所示。

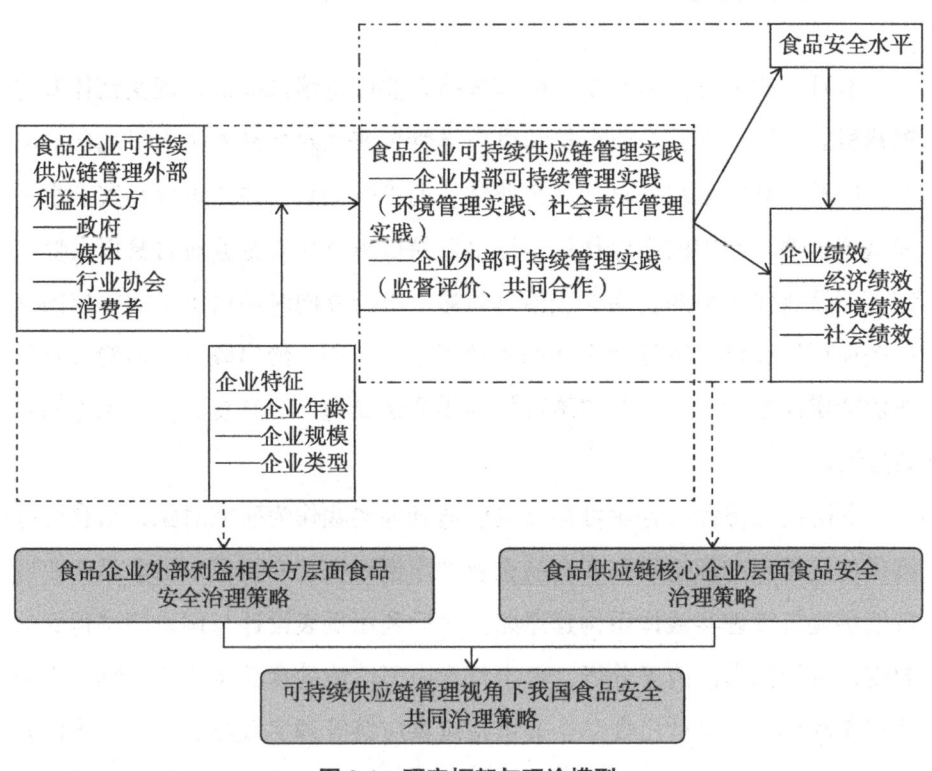

图3-1 研究框架与理论模型

3.2 研究内容

3.2.1 中国食品企业可持续供应链管理实践体系构建与量表设计

目前，我国食品企业已开展了形式多样、各具特色的创新性环境管理和社会责任管理实践，然而，有关食品企业可持续供应链管理的实践体系尚未提出。本研究通过对国内外食品企业开展访谈和案例研究，梳理其已开展的可持续供应链管理实践，在文献研究的基础之上，结合对访谈记录和网络文献的内容分析设计问卷，调查中国食品企业可持续供应链管理实践的开展情况，并对回收的数据进行探索性因子分析，确定中国食品企业可持续供应链管理实践的构成维度与结构体系，设计中国食品企业可持续供应链管理实践量表，为中国食品企业开展可持续供应链管理实践提供参考依据。

3.2.2 食品企业可持续供应链管理与企业绩效及食品安全水平影响关系研究

本研究将食品企业的可持续供应链管理实践分为企业内部管理实践和外部管理实践两个部分，从而研究食品企业可持续供应链管理实践对企业绩效的直接影响，食品企业可持续供应链管理实践对企业食品安全水平的直接影响，食品安全水平对企业绩效的直接影响，以及食品安全水平在食品企业可持续供应链管理实践对企业绩效影响过程中的中介作用，揭示了食品企业可持续供应链管理实践对提升食品安全水平及企业绩效的作用机理，为食品企业长远发展提供了新的理论基础。

3.2.3 不同规模食品企业可持续供应链管理驱动因素与机制研究

本研究探讨分析了不同规模的食品企业在可持续供应链管理实践和食品安全水平等方面是否存在显著的差异性，然后从利益相关方理论视角出发，在外部利益相关方中选择政府、媒体、行业协会以及消费者来分别研究不同外部利益相关方的不同策略对食品企业的可持续供应链管理的驱动因素与机制，其中在研究利益相关方策略与可持续供应链管理实践二者之间的关系时，选择企业规模作为调节变量，比较不同的利益相关方策略对大型食品企业和中小型食品企业实施可持续供应链管理实践的驱动差异，以期给出外部利益相关方视角下食品企业可持续供应链管理实践的驱动因素及驱动机制。

3.2.4 可持续供应链管理视角下我国食品安全共同治理的政策建议

本研究基于食品企业可持续供应链管理实践对食品安全水平及企业绩效影响的分析，给出企业内部及对供应链上下游企业的可持续供应链管理实践，即在食品供应链核心企业层面的食品安全治理策略；基于食品企业可持续供应链管理驱动因素的分析，给出政府、媒体、行业协会以及消费者层面推动食品企业实施可持续供应链管理的政策建议，即政府、媒体、行业协会以及消费者层面的食品安全治理策略；提出基于可持续供应链管理视角下我国食品安全多元参与、共同治理的策略。

3.3 研究设计

首先，本研究主要介绍了研究背景、研究的目的和意义、涉及的基本概念、主要研究内容和创新点、研究方法等，并概括介绍了研究的总体结构和研究流程。

其次，本研究通过对我国 30 多家食品企业开展实地调研与深度访谈，以及对 92 家食品企业进行问卷调查，收集数据并进行探索性因子分析，得到适用于测量我国食品企业可持续供应链管理实践的量表。

再次，本研究通过对我国 400 家食品企业发放新设计的问卷进行数据收集，并结合文献分析，针对食品企业可持续供应链管理实践对食品安全水平和企业绩效的影响关系，以及不同规模食品企业可持续供应链管理实践驱动因素这两个研究问题，提出理论模型与研究假设，阐述了这些假设之间的内在联系，利用结构方程、分层回归的方法验证这些假设并给出其管理启示。

最后，基于上述研究结果，本研究提出可持续供应链管理视角下我国食品安全共同治理的策略，给出本研究的贡献、局限与后续的研究建议。

研究流程如图 3-2 所示。

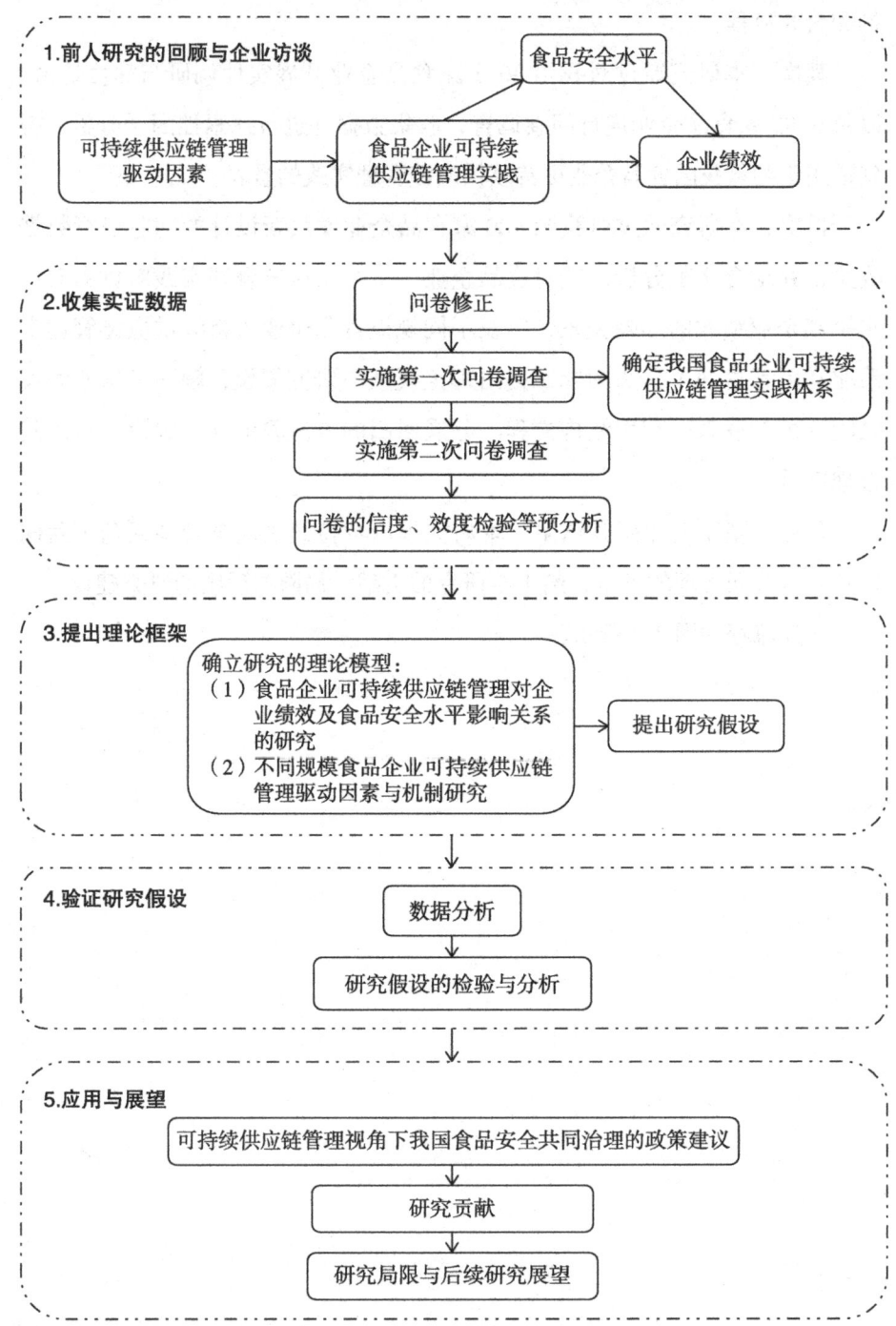

图 3-2　研究流程

第 4 章
中国食品企业可持续供应链管理实践体系的构建与量表设计

4.1 中国食品企业可持续供应链管理实践体系的构建思路

在食品行业可持续供应链管理中，经济可持续性是核心、环境可持续性是基础、社会可持续性是目标，这三个维度形成了一个相互关联且不可分割的有机整体，单纯强调其中的一个维度都不可能构成真正的可持续食品供应链，只有将这三个维度协调统一起来，并从长期、动态的角度加以理解，才能有效实施可持续供应链管理，降低食品安全风险，从而推动食品行业的可持续发展。

从目前可持续供应链管理实践的相关研究可知，可持续供应链管理实践主要分为内部实践及外部实践，都是包含不同维度的复杂概念，分析可持续供应链管理实践，既要关注企业内部可持续供应链管理实践，也要关注企业外部可持续供应链管理实践。可持续供应链管理的具体实践因企业所在国家、地区、行业的不同而有所差异。为准确把握中国食品企业可持续供应链管理实践结构体系，本研究在文献研究、案例访谈的基础上，全面提炼测量指标，设计初步问卷，对问卷修正形成正式问卷，进行调查，收集数据，进而采用探索性因子分析判别相应维度。具体研究步骤如下。

第一，搜集之前学者的相关文献，梳理已有可持续供应链管理实践的文献，对中国食品企业高层管理者及可持续供应链管理专家进行深度访谈，对访谈材料进行内容分析，提炼生成中国食品企业可持续供应链管理的初步测量指标。

第二，在初步测量指标确定的基础上，编制初始问卷，通过预调研修正问项，确定问卷。

第三，对正式调研回收数据进行信度检验和探索性因子分析，确定量表的维度划分，构建中国食品企业可持续供应链管理实践结构体系，完成我国食品企业可持续供应链管理实践测量的量表开发。

4.2 问卷设计与问卷回收

本研究利用发放调查问卷的方式获得研究数据，通过分析和归纳国内外已有的相关文献以及对我国30多家食品企业进行实地调研与深度访谈（食品企业可持续供应链管理实施情况的调研访谈提纲见附录1），了解食品企业可持续供应链管理实践的相关内容，提炼生成中国食品企业可持续供应链管理的初步测量指标，然后咨询数十位专家，对测量指标进行修改，形成问卷。

调查问卷的各项目测量运用了7级李克特量表（7-point Likert scale）的形式，所有的概念均由多个测量测定项目完成，每个项目的测量均由从1分表示的"非常不同意"到7分表示的"非常同意"7个测度构成，被访者依据问卷内容进行打分。

本章的研究内容主要是食品企业在可持续供应链管理实践方面的情况。考虑到企业一般员工对企业可持续发展及实践的理解程度较低，为保证收集数据的有效性和可靠性，本研究确定调查对象为食品供应链核心企业的中高层管理者；又考虑到自身资源和调查时间的有限性，本研究采用了与专业调查公司（51调查网）合作的形式对我国的食品企业进行了问卷调查。根据调查公司的反馈，本次调查共发出问卷100份，收回问卷92份，回收率为92%。

4.3 内部社会责任管理实践

从企业内部可持续的理念出发，大多数食品企业的内部社会责任管理主要包括建立食品安全规章制度，加强食品科技创新以及安全的食品生产加工、贮藏、运输环境等。通过参考相关文献、咨询行业专家及企业实地调研，本研究将食品企业的内部社会责任管理作为一个二阶变量，具体的实践量表设计如表4-1所示。

表4-1 内部社会责任管理实践量表设计

题号	题项	来源
Q1	我们各项经营活动均严格遵守国家食品安全相关法律法规	Lu（2015）；Monika（2016）；Zhu等（2012）；Carter和Jennings（2002）；Zheng（2011）；Pagan和Lake（1999）；Cater等（2000）；Kaipia等（2013）；Dang和Shuo（2016）；Zailani等（2012）；Zhu等（2012）；Zsidisn和Hendrick（1998）；但斌等（2000）；王能民和杨彤（2006）；陈傲（2006）；朱庆华（2008）；肖序和曾辉祥（2017）
Q2	我们实施了食品安全管理体系（如ISO22000）	
Q3	我们实施了ISO9001质量管理体系	
Q4	我们在食品安全项目的基础上实施了HACCP体系认证	
Q5	我们建立健全了食品安全追溯和预警体系	
Q6	我们强调全产业链对食品安全的重要性	
Q7	我们的全产业链模式能够使上下游形成一个利益共同体	
Q8	我们产业链上的所有环节以可持续发展为导向	
Q9	我们不断进行食品安全生产、加工及检测等技术的创新	
Q10	我们拥有自主创新的食品安全设备	
Q11	我们的原料种植过程绿色环保、合理施肥，不会造成土壤污染，不会破坏生态环境	
Q12	我们能够在食品生产加工过程中减少污染物排放	
Q13	我们在食品生产加工过程中严格按照国家规定使用食品添加剂	

（续表）

题号	题项	来源
Q14	我们严格遵守劳动法规，不雇用童工，员工工作时间符合法律规定	
Q15	我们为员工提供食品安全知识培训	
Q16	我们为员工购买本企业产品提供优惠	
Q17	我们为员工支付的工资不低于当地最低工资标准	
Q18	我们定期发布社会责任报告	
Q19	我们经常组织食品安全公益宣传活动	
Q20	我们经常向慈善组织捐赠财物	
Q21	我们经常参加本地区的公益活动	

4.3.1 信度检验及探索性因子分析

本研究对测量量表信度的分析采用了两个有关系数，分别是综合信度（Composite Reliability，以下简称C.R值）和克仑巴赫信度系数（Cronbanch's Alpha）。本研究所有研究变量的C.R值在0.7429到0.9651之间，且克仑巴赫信度系数的值在0.7239到0.9591之间，均大于已有相关文献中建议的临界值0.7，由此判断测量量表具备较好的信度水平。

探索性因子结果显示：KMO值为0.9241，效果很好；Bartlett球形检验结果的近似卡方为442 861.178，自由度为271，显著性水平0，低于0.005，表明数据非常适合做因子分析。基于主成分分析法，采用最大方差正交旋转，旋转后的因子载荷矩阵如表4-2所示。

表4-2 内部社会责任管理实践探索性因子载荷矩阵

题号	成分					克仑巴赫信度系数
	因子1	因子2	因子3	因子4	因子5	
Q1	0.618	0.142	0.241	0.198	0.175	
Q2	0.724	0.110	0.175	0.267	0.220	0.861
Q3	0.632	0.274	0.108	0.264	0.113	
Q4	0.671	0.145	0.216	0.178	0.296	

第 4 章　中国食品企业可持续供应链管理实践体系的构建与量表设计

（续表）

题号	成分					克仑巴赫信度系数
	因子1	因子2	因子3	因子4	因子5	
Q5	0.157	0.539	0.314	0.110	0.278	0.805
Q6	0.248	0.719	0.136	0.168	0.175	
Q7	0.278	0.738	0.209	−0.104	0.198	
Q8	0.197	0.684	0.169	0.207	0.241	
Q9	0.135	0.296	0.605	0.207	0.254	0.852
Q10	0.269	0.125	0.689	0.213	0.201	
Q11	0.164	0.291	0.746	0.126	0.275	
Q12	0.109	0.186	0.801	0.153	0.206	
Q13	0.269	0.302	0.614	0.134	0.231	
Q14	0.232	0.156	0.214	0.715	0.106	0.798
Q15	−0.115	0.139	0.264	0.699	0.415	
Q16	0.116	0.325	0.216	0.586	0.203	
Q17	0.136	0.150	0.098	0.804	0.106	
Q18	0.148	0.306	0.214	0.156	0.597	0.811
Q19	0.334	0.168	0.158	0.245	0.684	
Q20	0.289	0.146	0.258	0.135	0.735	
Q21	0.362	0.142	0.111	0.259	0.613	

我们从 21 个题项中共提取 5 个特征值大于 1 的因子，累计方差解释率为 71.68%，大于 50%，说明信息丢失较少，因子分析效果较佳，且各因子所包含的每一项因子载荷均大于 0.5，说明每个因子中的指标与该公因子具有显著的相关性。

4.3.2　内部社会责任管理实践体系构建

因子 1 由题项 Q1、Q2、Q3、Q4 决定，各项因子载荷分别为 0.618、0.724、0.632、0.671，主要测度食品企业认证与体系等方面，对应文献分析中食品安全认证的测量指标，发现以上均可归属于"食品安全相关认证"

范畴。因此，结合对企业管理者与供应链管理专家的深度访谈和对以往文献的内容分析，本研究将因子1命名为"食品安全相关认证"。

因子2由题项Q5、Q6、Q7、Q8决定，各项因子载荷分别为0.539、0.719、0.738、0.684，主要测度食品企业产业链与食品追溯等方面，对应文献分析中产业链品质提升的测量指标，发现以上均可归属于"产业链品质提升"范畴。因此，结合对企业管理者与供应链管理专家的深度访谈和对以往文献的内容分析，本研究将因子2命名为"产业链品质提升"。

因子3由题项Q9、Q10、Q11、Q12、Q13决定，各项因子载荷分别为0.605、0.689、0.746、0.801、0.614，主要测度食品企业食品加工技术与创新等方面，对应文献分析中技术创新与绿色安全产品研发的测量指标，发现以上均可归属于"技术创新与绿色安全产品研发"范畴。因此，结合对企业管理者与供应链管理专家深度访谈和对以往文献的内容分析，本研究将因子3命名为"技术创新与绿色安全产品研发"。

因子4由题项Q14、Q15、Q16、Q17决定，各项因子载荷分别为0.715、0.699、0.586、0.804，主要测度食品企业员工培训与福利等方面，对应文献分析中员工培训与组织关怀的测量指标，发现以上均可归属于"员工培训与组织关怀"范畴。因此，结合对企业管理者与供应链管理专家的深度访谈和对以往文献的内容分析，本研究将因子4命名为"员工培训与组织关怀"。

因子5由题项Q18、Q19、Q20、Q21决定，各项因子载荷分别为0.597、0.684、0.735、0.613，主要测度食品企业社会责任等方面，对应文献分析中社会公益与消费者责任的测量指标，发现以上均可归属于"社会公益与消费者责任"范畴。因此，结合对企业管理者与供应链管理专家的深度访谈和对以往文献的内容分析，本研究将因子5命名为"社会公益与消费者责任"。

4.3.3 内部社会责任管理实践量表的确立

基于上述分析，本研究将初始量表中的 21 个题项纳入 5 个因子，整合形成内部社会责任管理实践的最终量表，如表 4-3 所示。

表 4-3 内部社会责任管理实践最终量表

维度	题项
食品安全相关认证	我们各项经营活动均严格遵守国家食品安全相关法律法规
	我们实施了食品安全管理体系（如 ISO22000）
	我们实施了 ISO9001 质量管理体系
	我们在食品安全项目的基础上实施了 HACCP 体系认证
产业链品质提升	我们建立健全了食品安全追溯和预警体系
	我们强调全产业链对食品安全的重要性
	我们的全产业链模式能够使上下游形成一个利益共同体
	我们产业链上的所有环节都以可持续发展为导向
技术创新与绿色安全产品研发	我们不断进行食品安全生产、加工及检测等技术的创新
	我们拥有自主创新的食品安全设备
	我们的原料种植过程绿色环保、合理施肥，不会造成土壤污染，不会破坏生态环境
	我们能够在食品生产加工过程中减少污染物排放
	我们在食品生产加工过程中严格按照国家规定使用食品添加剂
员工培训与组织关怀	我们严格遵守劳动法规，不雇用童工，员工工作时间符合法律规定
	我们为员工提供食品安全知识培训
	我们为员工购买本企业产品提供优惠
	我们为员工支付的工资不低于当地最低工资标准
社会公益与消费者责任	我们定期发布社会责任报告
	我们经常组织食品安全公益宣传活动
	我们经常向慈善组织捐赠财物
	我们经常参加本地区的公益活动

4.3.4 内部社会责任管理实践结构体系的建立

食品企业内部社会责任管理实践结构体系由食品安全相关认证、产业链品质提升、技术创新与绿色安全产品研发、员工培训与组织关怀以及社会公益与消费者责任 5 个维度构成，其中技术创新与绿色安全产品研发由 5 个测项构成，食品安全相关认证、产业链品质提升、员工培训与组织关怀以及社会公益与消费者责任由 4 个测项构成。

4.4 内部环境管理实践

从企业内部可持续的理念出发，大多数食品企业的内部环境管理实践主要包括建立环境管理体系，引进节能减排先进设备以及生产过程中的原材料管理等。通过参考相关文献、咨询行业专家及企业实地调研，本研究将食品企业的内部环境管理实践作为一个二阶变量进行量表设计，具体如表 4-4 所示。

表 4-4 内部环境管理实践量表设计

题号	题项	来源
Q1	我们主动制定环境管理体系并履行环境管理承诺	Lu（2015）；Monika（2016）；Zhu 等（2012）；Carter 和 Jennings（2002）；Zheng（2011）；Pagan 和 Lake（1999）；Cater 等（2000）；Kaipia 等（2013）；Dang 和 Shuo（2016）；Zailani 等（2012）；Zhu 等（2012）；Zsidisn 和 Hendrick（1998）；但斌 等（2000）；王能民和杨彤（2006）；陈傲（2006）；朱庆华（2008）；肖序和曾辉祥（2017）
Q2	我们将环境管理体系视为一个组织框架，对其不断监测，并进行定期评审	
Q3	我们采用清洁生产技术对产品进行包装	
Q4	我们实施了 ISO14001 环境管理体系认证	
Q5	我们通过食品标准技术指标参数可以判定生产工艺的优劣	
Q6	我们主动淘汰技术落后、污染环境、资源利用效率比较低的工艺	
Q7	我们会引进一些节能减排的先进设备和装置	
Q8	我们利用现代信息处理技术对企业的生产经营全过程进行精细控制	
Q9	我们与节能服务公司合作，进行合同能源管理	

(续表)

题号	题项	来源
Q10	我们对生产过程与产品采取整体预防的环境策略	
Q11	针对生产过程，我们要求节约原材料与能源	
Q12	我们会主动减少从原材料提炼到产品最终处置全生命周期的不利影响	
Q13	我们会以不危害人体健康和生态环境为主导因素来考虑产品的制造方法与过程	
Q14	我们会主动进行新能源产业的转型升级	
Q15	针对生产过程，我们要求淘汰有毒原材料	
Q16	我们会强化环保科技服务，将各类污染治理的先进技术引入企业	
Q17	我们会与供应链上下游企业开展水资源管理和治理的合作	
Q18	我们的产品包装利用可再生或可回收材料	
Q19	我们的产品包装标注信息符合国家食品安全管理标准	
Q20	我们采用清洁生产技术优化产品的包装设计	
Q21	我们尽量减少产品包装材料的使用量	

4.4.1 信度检验及探索性因子分析

本研究对测量量表信度的分析采用了两个有关系数，分别是 C.R 值和克仑巴赫信度系数。本研究所有研究变量的 C.R 值在 0.7429 到 0.9651 之间，克仑巴赫信度系数均大于已有相关文献中建议的临界值 0.7，由此判断测量量表具备较好的信度水平。

探索性因子结果显示：KMO 值为 0.921，效果很好；Bartlett 球形检验结果的近似卡方为 393 154.289，自由度为 271，显著性水平 0，低于 0.005，表明数据非常适合做因子分析。基于主成分分析法，采用最大方差正交旋转，旋转后的因子载荷矩阵如表 4-5 所示。

表 4-5　内部环境管理实践探索性因子载荷矩阵

题号	成分					克仑巴赫信度系数
	因子1	因子2	因子3	因子4	因子5	
Q1	0.647	0.298	0.154	0.143	0.164	0.701
Q2	0.683	0.176	0.156	0.322	0.120	
Q3	0.621	0.314	0.135	0.264	0.173	
Q4	0.724	0.132	0.196	0.142	0.214	
Q5	0.214	0.692	0.165	0.159	0.184	0.821
Q6	0.193	0.687	0.196	0.243	0.153	
Q7	0.135	0.738	0.114	0.163	0.273	
Q8	0.262	0.843	0.342	0.189	0.243	
Q9	0.323	0.754	0.296	0.256	0.202	
Q10	0.173	0.155	0.782	0.183	0.264	0.768
Q11	0.273	0.112	0.836	0.103	0.143	
Q12	0.176	0.327	0.610	0.242	0.187	
Q13	0.152	0.225	0.652	0.203	0.172	
Q14	0.221	0.206	0.342	0.608	0.288	0.763
Q15	0.106	0.116	0.183	0.854	0.190	
Q16	0.117	0.322	0.165	0.713	0.198	
Q17	0.096	0.150	0.125	0.826	0.169	
Q18	0.157	0.184	0.202	0.073	0.843	0.810
Q19	0.194	0.286	0.274	0.364	0.533	
Q20	0.195	0.264	0.185	0.212	0.735	
Q21	0.172	0.062	0.214	0.190	0.814	

我们从21个题项中共提取5个特征值大于1的因子，累计方差解释率为69.75%，大于50%，说明信息丢失较少，因子分析效果较佳，且各因子所包含的每一项因子载荷均大于0.5，说明每个因子中的指标与该公因子具有显著的相关性。

4.4.2 内部环境管理实践体系构建

因子 1 由题项 Q1、Q2、Q3、Q4 决定，各项因子载荷分别为 0.647、0.683、0.621、0.724，主要测度食品企业清洁生产与环境管理体系等方面，对应文献分析中环境管理认证的测量指标，发现以上均可归属于"环境管理认证"范畴。因此，结合对企业管理者与供应链管理专家的深度访谈和对以往文献的内容分析，本研究将因子 1 命名为"环境管理认证"。

因子 2 由题项 Q5、Q6、Q7、Q8、Q9 决定，各项因子载荷分别为 0.692、0.687、0.738、0.843、0.754，主要测度食品企业绿色技术与工艺等方面，对应文献分析中改进工艺与节能减排的测量指标，发现以上均可归属于"改进工艺与节能减排"范畴。因此，结合对企业管理者与供应链管理专家的深度访谈和对以往文献的内容分析，本研究将因子 2 命名为"改进工艺与节能减排"。

因子 3 由题项 Q10、Q11、Q12、Q13 决定，各项因子载荷分别为 0.782、0.836、0.610、0.652，主要测度食品企业原材料与生产过程等方面，对应文献分析中清洁生产的测量指标，发现以上均可归属于"清洁生产"范畴。因此，结合对企业管理者与供应链管理专家的深度访谈和对以往文献的内容分析，本研究将因子 3 命名为"清洁生产"。

因子 4 由题项 Q14、Q15、Q16、Q17 决定，各项因子载荷分别为 0.608、0.854、0.713、0.826，主要测度食品企业新能源与水资源治理等方面，对应文献分析中能源与水资源治理的测量指标，发现以上均可归属于"能源与水资源治理"范畴。因此，结合对企业管理者与供应链管理专家的深度访谈和对以往文献的内容分析，本研究将因子 4 命名为"能源与水资源治理"。

因子 5 由题项 Q18、Q19、Q20、Q21 决定，各项因子载荷分别为 0.843、0.533、0.735、0.814，主要测度食品企业食品包装设计与回收等方面，对应文献分析中绿色包装与包装回收的测量指标，发现以上均可归属于"绿色包装与包装回收"范畴。因此，结合对企业管理者与供应链管理专家的深度访谈和对以往文献的内容分析,本研究将因子 5 命名为"绿色包装与包装回收"。

4.4.3 内部环境管理实践量表的确立

基于上述分析,本研究将初始量表中的 21 个题项纳入 5 个因子,整合形成内部环境管理实践的最终量表,如表 4-6 所示。

表 4-6 内部环境管理实践的最终量表

维度	题项
环境管理认证	我们主动制定环境管理体系并履行环境管理承诺
	我们将环境管理体系视为一个组织框架,对其不断监测,并进行定期评审
	我们采用清洁生产技术对产品进行包装
	我们实施了 ISO14001 环境管理体系认证
改进工艺与节能减排	我们通过食品标准技术指标参数可以判定生产工艺的优劣
	我们主动淘汰技术落后、污染环境、资源利用效率比较低的工艺
	我们会引进一些节能减排的先进设备和装置
	我们利用现代信息处理技术对企业的生产经营全过程进行精细控制
	我们与节能服务公司合作,进行合同能源管理
清洁生产	我们对生产过程与产品采取整体预防的环境策略
	针对生产过程,我们要求节约原材料与能源
	我们会主动减少从原材料提炼到产品最终处置全生命周期的不利影响
	我们会以不危害人体健康和生态环境为主导因素来考虑产品的制造方法与过程
能源与水资源治理	我们会主动进行新能源产业的转型升级
	针对生产过程,我们要求淘汰有毒原材料
	我们会强化环保科技服务,将各类污染治理的先进技术引入企业
	我们会与供应链上下游企业开展水资源管理和治理的合作
绿色包装与包装回收	我们的产品包装利用可再生或可回收材料
	我们的产品包装标注信息符合国家食品安全管理标准
	我们采用清洁生产技术优化产品的包装设计
	我们尽量减少产品包装材料的使用量

4.4.4 内部环境管理实践结构体系的建立

食品企业内部社会责任管理结构体系由环境管理认证、改进工艺与节能减排、清洁生产、能源与水资源治理以及绿色包装与包装回收5个维度构成，其中改进工艺与节能减排由5个测项构成，环境管理认证、清洁生产、能源与水资源治理以及绿色包装与包装回收由4个测项构成。

4.5 监督评价供应链上下游企业

从企业外部可持续的理念出发，大多数食品企业监督评价供应链上下游企业的实践主要包括供应商与零售商准入机制，供应商培训以及供应链上下游监督等。通过参考相关文献、咨询行业专家及企业实地调研，本研究将食品企业监督评价供应链上下游企业作为一个二阶变量进行量表设计，具体如表4-7所示。

表4-7 监督评价供应链上下游企业量表设计

题号	题项	来源
Q1	我们通过加强对新供应商的准入管理，使具备优秀潜质的供应商进入公司供货体系	Lu（2015）；Monika（2016）；Zhu等（2012）；Carter和Jennings（2002）；Zheng（2011）；Pagan和Lake（1999）；Cater等（2000）；Kaipia等（2013）；Dang和Shuo（2016）；Zailani等（2012）；Zhu等（2012）；Zsidisn和Hendrick（1998）；但斌等（2000）；王能民和杨彤（2006）；陈傲（2006）；朱庆华（2008）；肖序和曾辉祥（2017）
Q2	我们有专门的部门负责新产品样品的采购与验证，必要时到供应商处进行现场考察	
Q3	我们会与通过审核的供应链上下游企业进行水资源管理和治理的合作	
Q4	我们在运输产品时，会根据货物的种类、运送季节、运送距离和运送地点确定运输方法	
Q5	我们注重装卸搬运设备机械化、自动化的发展	
Q6	我们采用能实时监控温度、湿度及运输位置的行驶温度记录仪监控系统	
Q7	我们会保存采购产品的检验记录、供应商提供的合格证明及有关检验数据	
Q8	我们定期到供应链上下游企业开展原材料的抽检	

（续表）

题号	题项	来源
Q9	我们定期到供应链上下游企业开展原材料的质量评估	
Q10	我们定期到供应链上下游企业开展生产线质量抽检	
Q11	我们定期对主要供应商和主要零售商进行环境和社会管理法律法规方面的培训	
Q12	我们周期性评估和审计供应链上下游企业环境保护管理的情况	
Q13	我们要求供应链上下游企业实施环境管理体系（如ISO14000）和社会责任管理体系（如SA8000）	
Q14	我们定期到访主要供应商工厂和主要零售商卖场，以确保他们遵守劳动法规，为员工提供安全健康的工作环境	
Q15	我们与供应链上下游企业共同努力改进生产技术，以减少污染物排放对环境的影响	
Q16	我们有一套完善的供应链上下游企业环境监管体系	

4.5.1 信度检验及探索性因子分析

本研究对测量量表信度的分析采用了两个有关系数，分别是C.R值和克仑巴赫信度系数。本研究所有研究变量的C.R值在0.7429到0.9651之间，且克仑巴赫信度系数的值在0.7239到0.9591之间，均大于已有相关文献中建议的临界值0.7，由此判断测量量表具备较好的信度水平。

探索性因子结果显示：KMO值为0.879，效果很好；Bartlett球形检验结果的近似卡方为483 154.768，自由度为271，显著性水平0，低于0.005，表明数据非常适合做因子分析。基于主成分分析法，采用最大方差正交旋转，旋转后的因子载荷矩阵如表4-8所示。

表4-8 监督评价供应链上下游企业探索性因子载荷矩阵

题号	成分					克仑巴赫信度系数
	因子1	因子2	因子3	因子4	因子5	
Q1	0.803	0.123	0.153	0.106	0.215	0.853

(续表)

题号	成分					克仑巴赫信度系数
	因子1	因子2	因子3	因子4	因子5	
Q2	0.731	0.210	0.175	0.215	0.195	0.853
Q3	0.814	0.160	0.183	0.094	0.263	
Q4	0.183	0.804	0.196	0.218	0.130	
Q5	0.163	0.682	0.209	0.184	0.312	
Q6	0.201	0.732	0.195	0.152	0.262	
Q7	0.401	0.592	0.173	0.372	0.201	
Q8	0.243	0.162	0.752	0.242	0.142	0.825
Q9	0.192	0.125	0.804	0.182	0.124	
Q10	0.274	0.137	0.682	0.214	0.252	
Q11	0.056	0.183	0.143	0.832	0.113	0.747
Q12	0.163	0.334	0.144	0.650	0.153	
Q13	0.162	0.127	0.165	0.801	0.176	
Q14	0.283	0.196	0.144	0.206	0.707	0.835
Q15	0.147	0.185	0.256	0.145	0.784	
Q16	0.162	0.212	0.181	0.194	0.713	

我们从16个题项中共提取5个特征值大于1的因子，累计方差解释率为63.21%，大于50%，说明信息丢失较少，因子分析效果较佳，且各因子所包含的每一项因子载荷均大于0.5，说明每个因子中的指标与该公因子具有显著的相关性。

4.5.2 监督评价供应链上下游企业体系构建

因子1由题项Q1、Q2、Q3决定，各项因子载荷分别为0.803、0.731、0.814，主要测度食品供应链供应商准入机制与资源管理等方面，对应文献分析中监督评价供应链上下游企业的测量指标，发现以上均可归属于"供应商与零售商准入机制"范畴。因此，结合对企业管理者与供应链管理专家的深度访谈和对以往文献的内容分析，本研究将因子1命名为"供应商与零售商准入机制"。

因子2由题项Q4、Q5、Q6、Q7决定，各项因子载荷分别为0.804、0.682、0.732、0.592，主要测度产品运输装卸与冷链物流等方面，对应文献分析中产品流通与冷链的测量指标，发现以上均可归属于"产品流通与冷链物流标准"范畴。因此，结合对企业管理者与供应链管理专家的深度访谈和对以往文献的内容分析，本研究将因子2命名为"产品流通与冷链物流标准"。

因子3由题项Q8、Q9、Q10决定，各项因子载荷分别为0.752、0.804、0.682，主要测度食品企业原材料与生产过程等方面，对应文献分析中清洁生产的测量指标，发现以上均可归属于"原材料定期检测与评估"范畴。因此，结合对企业管理者与供应链管理专家的深度访谈和对以往文献的内容分析，本研究将因子3命名为"原材料定期检测与评估"。

因子4由题项Q11、Q12、Q13决定，各项因子载荷分别为0.832、0.650、0.801，主要测度食品供应商培训与管理体系的实施等方面，对应文献分析中供应商管理的测量指标，发现以上均可归属于"供应商食品培训与认证"范畴。因此，结合对企业管理者与供应链管理专家的深度访谈和对以往文献的内容分析，本研究将因子4命名为"供应商食品培训与认证"。

因子5由题项Q14、Q15、Q16决定，各项因子载荷分别为0.707、0.784、0.713，主要测度食品供应链环境监管等方面，对应文献分析中供应链环境监管的测量指标，发现以上均可归属于"供应链上下游环境监管"范畴。因此，结合对企业管理者与供应链管理专家的深度访谈和对以往文献的内容分析，本研究将因子5命名为"供应链上下游环境监管"。

4.5.3 监督评价供应链上下游企业量表的确立

基于上述分析，本研究将初始量表中的16个题项纳入5个因子，整合形成监督评价供应链上下游企业的最终量表，如表4-9所示。

表 4-9 监督评价供应链上下游企业的最终量表

维度	题项
供应商与零售商准入机制	我们通过加强对新供应商的准入管理，使具备优秀潜质的供应商进入公司供货体系
	我们有专门的部门负责新产品样品的采购与验证，必要时到供应商处进行现场考察
	我们会与通过审核的供应链上下游企业进行水资源管理和治理的合作
产品流通与冷链物流标准	我们在运输产品时，会根据货物的种类、运送季节、运送距离和运送地点确定运输方法
	我们注重装卸搬运设备机械化、自动化的发展
	我们采用能实时监控温度、湿度及运输位置的行驶温度记录仪监控系统
	我们会保存采购产品的检验记录、供应商提供的合格证明及有关检验数据
原材料定期检测与评估	我们定期到供应链上下游企业开展原材料的抽检
	我们定期到供应链上下游企业开展原材料的质量评估
	我们定期到供应链上下游企业开展生产线质量抽检
供应商食品培训与认证	我们定期对主要供应商和主要零售商进行环境和社会管理法律法规方面的培训
	我们周期性评估和审计供应链上下游企业环境保护管理的情况
	我们要求供应链上下游企业实施环境管理体系（如 ISO14000）和社会责任管理体系（如 SA8000）
供应链上下游环境监管	我们定期到访主要供应商工厂和主要零售商卖场，以确保他们遵守劳动法规，为员工提供安全健康的工作环境
	我们与供应链上下游企业共同努力改进生产技术，以减少污染物排放对环境的影响
	我们有一套完善的供应链上下游企业环境监管体系

4.5.4 监督评价供应链上下游企业结构体系的建立

监督评价供应链上下游企业结构体系由供应商与零售商准入机制、产品流通与冷链物流标准、原材料定期检测与评估、供应商食品培训与认证和供应链上下游环境监管 5 个维度构成，其中产品流通与冷链物流标准由 4 个测项构成，供应商与零售商准入机制、原材料定期检测与评估、供应商食品培训与认证和供应链上下游环境监管由 3 个测项构成。

4.6 与供应链上下游企业合作

从企业外部可持续的理念出发,大多数食品企业与供应链上下游企业合作主要包括供应链风险管理、供应链产品合作研发以及食品可追溯平台构建等。通过参考相关文献、咨询行业专家及企业实地调研,本研究将食品企业与供应链上下游企业合作作为一个二阶变量进行量表设计,具体如表4-10所示。

表4-10 与供应链上下游企业合作量表设计

题号	题项	来源
Q1	我们与供应链中其他企业成为共担风险、共享收益的共同体	Lu(2015);Monika(2016);Zhu等(2012);Carter和Jennings(2002);Zheng(2011);Pagan和Lake(1999);Cater等(2000);Kaipia等(2013);Dang和Shuo(2016);Zailani等(2012);Zhu等(2012);Zsidisn和Hendrick(1998);但斌等(2000);王能民和杨彤(2006);陈傲(2006);朱庆华(2008);肖序和曾辉祥(2017)
Q2	我们会与供应链中其他企业采取多种措施,共同规避风险	
Q3	我们通过设立专项农产品市场风险基金等对农产品种植农户给予风险补偿	
Q4	我们与供应链上下游企业共同参与社会公益活动	
Q5	我们与供应链上下游企业共同设计和研发绿色安全产品	
Q6	我们建立了与供应链上下游企业共赢的机制体系	
Q7	我们与供应链上下游企业共同预测和解决食品安全问题	
Q8	我们与供应链上下游企业共同努力帮助员工树立正确的价值观,提升员工自信心,加强员工食品安全意识	
Q9	供应链下游零售商向企业提供产品销售信息,使企业能够充分了解市场需求,制订合理的食品生产计划	
Q10	我们与供应链上下游企业共同对各种开发方案的实施可能性、技术先进性、经济合理性进行调查研究、分析计算和评价	
Q11	我们与供应链上下游企业以组织成员的共同利益为基础、以优势资源互补为前提合作研发产品	
Q12	我们与供应链上下游企业之间的知识互补性和相互交流可以减少企业研发的不确定性	
Q13	我们与供应链上下游企业可以共享信息和研究成果,从而提高研究开发的效率	
Q14	我们与供应链上下游企业在食品安全追溯系统的构建上展开合作	
Q15	我们要求供应链上游原材料供应商提供食品质量出厂检验报告	

（续表）

题号	题项	来源
Q16	我们与供应链上下游企业通过一物一码以及物联网等现代技术对食品生命周期进行追溯	

4.6.1 信度检验及探索性因子分析

本研究对测量量表信度的分析采用了两个有关系数，分别是 C.R 值和克仑巴赫信度系数。本研究所有研究变量的 C.R 值在 0.7429 到 0.9651 之间，且克仑巴赫信度系数的值在 0.7239 到 0.9591 之间，均大于已有相关文献中建议的临界值 0.7，由此判断测量量表具备较好的信度水平。

探索性因子结果显示：KMO 值为 0.852，效果很好；Bartlett 球形检验结果的近似卡方为 47 834.207，自由度为 271，显著性水平 0，低于 0.005 的显著性水平，表明数据非常适合做因子分析。基于主成分分析法，采用最大方差正交旋转，旋转后的因子载荷矩阵如表 4-11 所示。

表 4-11 与供应链上下游企业合作探索性因子载荷矩阵

题号	成分					克仑巴赫信度系数
	因子1	因子2	因子3	因子4	因子5	
Q1	0.647	0.105	0.353	0.226	0.242	0.858
Q2	0.759	0.195	0.266	0.268	0.153	
Q3	0.719	0.272	0.185	0.298	0.164	
Q4	0.136	0.643	0.353	0.212	0.204	
Q5	0.138	0.825	0.165	0.107	0.218	
Q6	0.265	0.803	0.087	0.125	0.161	
Q7	0.104	0.064	0.723	0.412	0.132	0.852
Q8	0.194	0.165	0.825	0.125	0.124	
Q9	0.127	0.221	0.813	0.127	0.146	
Q10	0.196	0.286	0.124	0.740	0.204	

（续表）

题号	成分					克伦巴赫信度系数
	因子1	因子2	因子3	因子4	因子5	
Q11	0.114	0.231	0.238	0.765	0.136	0.775
Q12	0.152	0.237	0.164	0.807	0.138	
Q13	0.129	0.164	0.096	0.767	0.204	
Q14	0.265	0.362	0.342	0.165	0.543	0.848
Q15	0.141	0.159	0.162	0.064	0.895	
Q16	0.185	0.392	0.255	0.103	0.732	

我们从16个题项中共提取5个特征值大于1的因子，累计方差解释率为60.84%，大于50%，说明信息丢失较少，因子分析效果较佳，且各因子所包含的每一项因子载荷均大于0.5，说明每个因子中的指标与该公因子具有显著的相关性。

4.6.2　与供应链上下游企业合作体系的构建

因子1由题项Q1、Q2、Q3决定，各项因子载荷分别为0.647、0.759、0.719，主要测度食品供应链风险管理等方面，对应文献分析中与供应链风险管理的测量指标，发现以上均可归属于"供应链风险共担机制"范畴。因此，结合对企业管理者与供应链管理专家的深度访谈和对以往文献的内容分析，本研究将因子1命名为"供应链风险共担机制"。

因子2由题项Q4、Q5、Q6决定，各项因子载荷分别为0.643、0.825、0.803，主要测度供应链共赢机制与共同活动等方面，对应文献分析中共同活动与机制设计的测量指标，发现以上均可归属于"供应链共赢发展机制"范畴。因此，结合对企业管理者与供应链管理专家的深度访谈和对以往文献的内容分析，本研究将因子2命名为"供应链共赢发展机制"。

因子3由题项Q7、Q8、Q9决定，各项因子载荷分别为0.723、0.825、

0.813，主要测度食品供应链共同计划与帮扶等方面，对应文献分析中供应商合作帮扶计划的测量指标，发现以上均可归属于"供应商合作帮扶计划"范畴。因此，结合对企业管理者与供应链管理专家的深度访谈和对以往文献的内容分析，本研究将因子 3 命名为"供应商合作帮扶计划"。

因子 4 由题项 Q10、Q11、Q12、Q13 决定，各项因子载荷分别为 0.740、0.765、0.807、0.767，主要测度产品合作设计与开发等方面，对应文献分析中共同研发的测量指标，发现以上均可归属于"产品合作研发计划"范畴。因此，结合对企业管理者与供应链管理专家的深度访谈和对以往文献的内容分析，本研究将因子 4 命名为"产品合作研发计划"。

因子 5 由题项 Q14、Q15、Q16 决定，各项因子载荷分别为 0.543、0.895、0.732，主要测度食品可追溯体系建设等方面，对应文献分析中食品追溯的测量指标，发现以上均可归属于"食品可追溯平台构建"范畴。因此，结合对企业管理者与供应链管理专家的深度访谈和对以往文献的内容分析，本研究将因子 5 命名为"食品可追溯平台构建"。

4.6.3　与供应链上下游企业合作量表确立

基于上述分析，将初始量表中的 21 个题项纳入 5 个因子，整合形成与供应链上下游企业合作实践的最终量表，如表 4-12 所示。

表 4-12　与供应链上下游企业合作实践最终量表

维度	题项
供应链风险共担机制	我们与供应链中其他企业成为共担风险、共享收益的共同体
	我们会与供应链中其他企业采取多种措施，共同规避风险
	我们通过设立专项农产品市场风险基金等对农产品种植农户给予风险补偿
供应链共赢发展机制	我们与供应链上下游企业共同参与社会公益活动
	我们与供应链上下游企业共同设计和研发绿色安全产品
	我们建立了与供应链上下游企业共赢的机制体系

（续表）

维度	题项
供应商合作帮扶计划	我们与供应链上下游企业共同预测和解决食品安全问题
	我们与供应链上下游企业共同努力帮助员工树立正确的价值观，提升员工自信心，加强员工食品安全意识
	供应链下游零售商向企业提供产品销售信息，使企业能够充分了解市场需求，制订合理的食品生产计划
产品合作研发计划	我们与供应链上下游企业共同对各种开发方案的实施可能性、技术先进性、经济合理性进行调查研究、分析计算和评价
	我们与供应链上下游企业以组织成员的共同利益为基础，以优势资源互补为前提合作研发产品
	我们与供应链上下游企业之间的知识互补性和相互交流可以减少企业研发的不确定性
	我们与供应链上下游企业可以共享信息和研究成果，从而提高研究开发的效率
食品可追溯平台构建	我们与供应链上下游企业在食品安全追溯系统的构建上展开合作
	我们要求供应链上游原材料供应商提供食品质量出厂检验报告
	我们与供应链上下游企业通过一物一码以及物联网等现代技术对食品生命周期进行追溯

4.6.4 与供应链上下游企业合作结构体系的建立

与供应链上下游企业合作结构体系由供应链风险共担机制、供应链共赢发展机制、供应商合作帮扶计划、产品合作研发计划和食品可追溯平台构建5个维度构成，其中产品合作研发计划由4个测项构成，供应链风险共担机制、供应链共赢发展机制、供应商合作帮扶计划和食品可追溯平台构建由3个测项构成。

4.7 食品企业可持续供应链管理实践体系框架

本研究通过文献整理、案例分析与企业访谈，设计中国食品企业可持续供应链管理实践问卷，发放问卷并回收数据，针对回收的数据运用探索性因子进行分析，因子命名可以形成中国食品企业可持续供应链管理实践体系的4个维度，分别为食品企业的内部社会责任管理实践、内部环境管理实践、监督评价供应链上下游企业、与供应链上下游企业合作，总共包含20个指标。食品企业可持续供应链管理实践体系框架如图4-1所示。

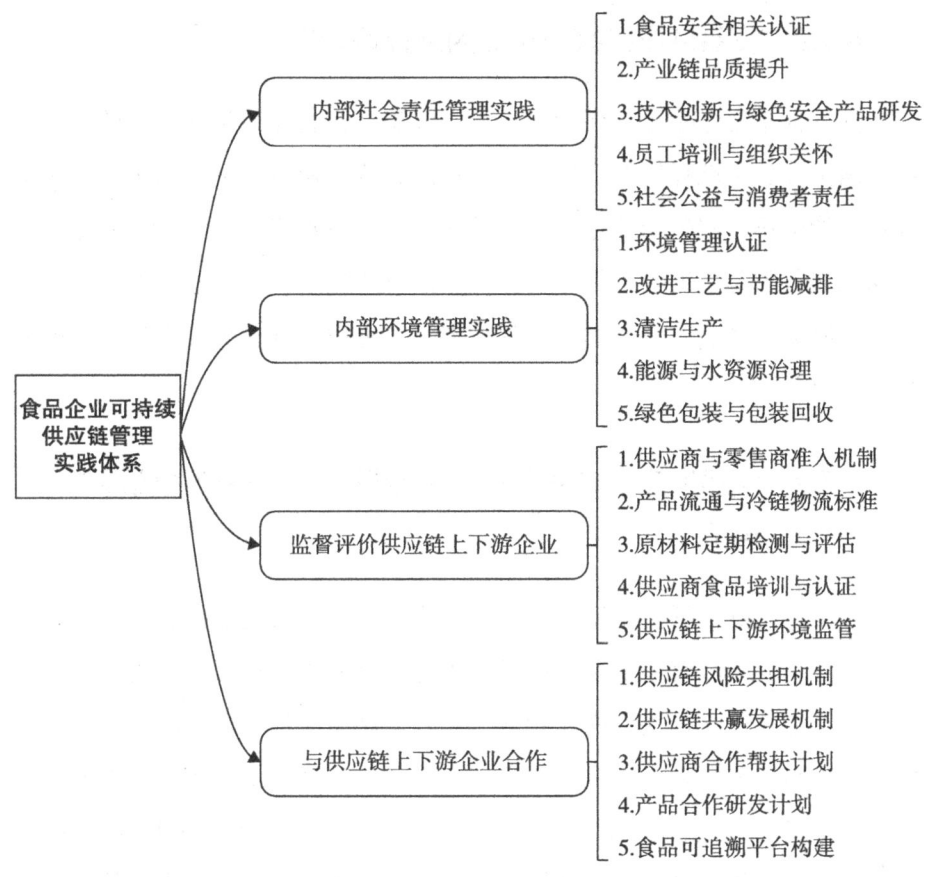

图4-1 食品企业可持续供应链管理实践体系框架

4.7.1 食品供应链核心企业内部社会责任管理

食品企业作为社会公民，应当承担面向利益相关方的社会责任。食品行业关乎国民生计，食品安全影响国民健康，加强食品企业社会责任管理具有重要意义。食品企业应该积极开展食品质量安全相关认证，肩负起不断提升食品产业链品质的责任，积极开展技术创新与绿色产品研发，同时应积极开展员工培训与员工关怀，增强员工对企业的认可度，提升员工的社会责任意识，积极履行社会公益与消费者责任。

4.7.2 食品供应链核心企业内部环境管理

食品企业为保障食品质量与品质，应积极开展环境管理相关的体系认证，确保食品生产环境的卫生，同时食品企业应积极改进产品生产工艺流程与节能减排，实现清洁生产，推动相关能源与水资源的治理，制定产品的绿色包装与包装回收计划。在保障食品供应链生产环境卫生的同时，食品企业应提升食品供应链的环境保护能力，进而提升整个食品供应链的环境可持续发展能力。

4.7.3 食品供应链核心企业对供应链上下游企业的监督与评价

食品供应链的可持续发展依赖于供应链全体成员企业的协作，食品供应链核心企业应该对上下游伙伴成员进行监督评价，加强其在食品环境安全卫生及企业社会责任方面的管理，及时控制原材料采购及产品销售流通环节的食品安全风险。食品供应链核心企业应该建立供应商与零售商准入机制，制定食品流通环节的冷链物流标准，对供应商进行定期检测与评估，针对供应商开展食品安全与环境的相关培训及认证，建立供应链的环境监管机制，降低上下游企业的运营风险，提升整个供应链的可持续发展水平。

4.7.4 食品供应链核心企业与供应链上下游企业合作

食品企业应与食品供应链上下游伙伴成员展开信息共享与合作，加强有效沟通，建立食品供应链风险共担、共赢发展的模式，使得供应链成员在可持续供应链管理的相关理念和措施方面达成一致的认识，以便食品安全和环境保护等可持续供应链管理实践在整个供应链能够有效展开。食品供应链中的核心企业应起到主导作用，带动整个食品供应链安全水平的提升。

食品企业应与上下游供应链伙伴深度合作（如食品供应商帮扶计划、合作研发健康绿色食品，建立食品供应链可追溯平台等），共同遵守环境和社会方面的政策与法律法规，并依据管理标准体系和规范的行为准则进行有效管理，提升供应链成员的整体效益。

第 5 章
可持续供应链管理实践对企业绩效及食品安全水平影响关系的研究

5.1 引言

有关可持续供应链管理实践对企业绩效的影响研究在不同国家、不同行业有不同的研究结论。学界普遍认为，可持续供应链管理实践对于降低供应链运营风险、提升企业核心竞争力、社会影响力和企业绩效等方面具有积极的推动作用（Teixeira 等，2016；Zhu 等，2010；Shradha 等，2017）。然而在发展中国家，可持续供应链管理尚处于起步阶段，企业实施可持续供应链管理面临着成本投入高、经济投资回收期长等问题，可持续供应链管理实践对经济绩效提升的短期效果不明显（Raut 等，2017；Flynn 等，2017），这也是很多企业开展可持续供应链管理实践动力不足的主要原因之一。

目前，针对食品行业可持续供应链管理实践对企业绩效及食品安全水平的影响，相关研究并不充分。探究食品企业可持续供应链管理实践对食品企业绩效、企业食品安全水平的影响和作用机理，对于明确食品企业开展可持续供应链管理的必要性具有重要意义。食品企业的企业绩效与长远发展受制于食品安全水平这一重要因素。本研究将食品安全水平作为中介变量，探讨食品企业可持续供应链管理实践对于提升企业绩效的作用机理，研究食品安全水平在可持续供应链管理实践和食品企业绩效之间的传导作用，以期揭示食品企业实施可持续供应链管理实践具有提升食品安全水平和食品企业绩效的作用，进而推动食品企业的长远健康发展。

5.2 概念模型的构建

根据食品企业可持续供应链管理实践框架体系，本研究将食品企业的可持续供应链管理实践分为企业内部管理和外部管理两个部分，其中企业内部管理包括食品企业社会责任管理和环境管理两个方面；食品企业外部可持续供应链管理主要考虑食品供应链核心企业对供应链上下游成员的管理，在本研究中主要包括监督评价供应链上下游企业、与供应链上下游企业合作两个方面。而食品企业绩效作为整个模型的最终输出变量，则细分为环境绩效、经济绩效和社会绩效三个方面。

本章主要研究食品企业可持续供应链管理实践对企业绩效的直接影响，食品企业可持续供应链管理实践对企业食品安全水平的直接影响，食品安全水平对企业绩效的直接影响，以及食品安全水平在食品企业可持续供应链管理实践中的中介作用。具体的概念模型关系如图 5-1 所示。

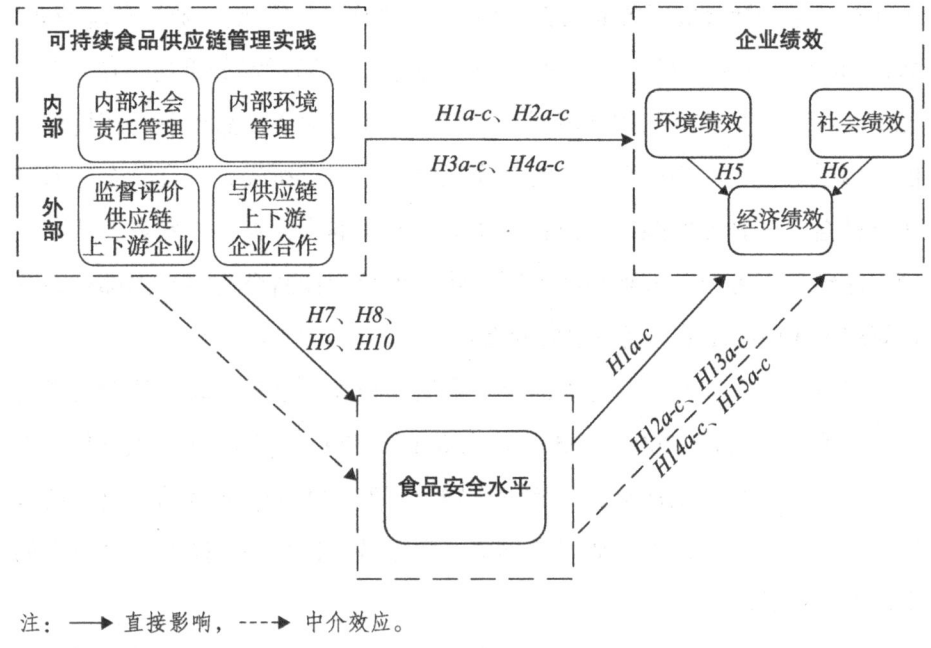

图 5-1 概念模型关系

5.3 研究假设的提出

5.3.1 食品企业内部社会责任管理实践

食品企业内部社会责任管理实践指食品企业在从事生产经营活动中对利益相关方（包括员工、顾客、供应商、社区团体、母公司或附属公司、合作伙伴、投资者和股东等）所采取的积极行动，以促成有利于社会的结果或防止坏的结果产生的主动实践。例如，食品企业应该致力于不断提升食品产业链品质，积极开展食品安全认证，通过技术创新、产品研发不断提升消费者满意度，以及支持社会公益、关注消费者、员工培训与健康等相关实践活动。这些实践都能够帮助企业树立良好的社会形象，提高企业社会地位，进而促进企业社会绩效的提升。Florida（1996）指出，对企业员工进行社会责任方面的教育和培训，能够积极影响企业的环境绩效；Marshall等（2005）指出，企业对消费者权益、公益活动的重视，在一定程度上能够减少企业潜在的环境威胁，因此，我们期待食品企业的环境绩效能够因受到企业内部社会责任管理实践的带动而有所提升；食品企业通过实施社会责任管理实践，可以扩大企业社会影响力，吸引消费者，从而提高产品销量，为企业带来利润，所以我们也期待食品企业实施内部社会责任管理实践可以促进其经济绩效的提高。

保障食品质量与安全是食品企业发展的根本，也是其履行社会责任的基本要求。Jenkins（2009）、Monika（2011）、Zhu等（2012）的实证研究都指出，食品企业实施社会责任管理实践（例如，加入全面食品安全认证体系、参与社会公益、关注消费者健康、保障员工权益等）能够带来更高的食品安全水平。

对于食品企业而言，实施所有管理活动或实践的根本目的是保障产品质量与安全。食品企业内部社会责任管理的目的就是使食品企业树立产业链品质提升的责任意识，通过一系列社会责任管理来降低食品企业的运营风险，提升食品安全水平，进而促进企业良好经营，带来绩效提升。食品企业内部社会责任管理实践对企业绩效的影响，能够通过对食品安全水平的影响来实现。综上，我们做出如下假设。

$H1$：食品企业内部社会责任管理实践对 a.企业环境绩效、b.社会绩效、c.经济绩效有正向影响。

$H7$：食品企业内部社会责任管理实践对食品安全水平有正向影响。

$H12$：在食品企业内部社会责任管理实践对 a.企业环境绩效、b.社会绩效、c.经济绩效的影响过程中，食品安全水平起到了中介作用。

5.3.2 食品企业内部环境管理实践

根据资源基础理论，食品企业实施内部环境管理实践能够对其环境绩

第5章 可持续供应链管理实践对企业绩效及食品安全水平影响关系的研究

效产生影响。Rao（2002）、Zhu 和 Sarkis（2004）、Zhu 等（2005）的实证研究都指出，企业实施环境管理实践（如生产环境管理与认证、环境保护管理、绿色安全的产品设计、环保包装的使用等）可以改善企业的环境绩效。一般来说，企业社会绩效的提升依赖于企业内部群体和外部群体，而这两个群体都会受到食品企业的内部环境管理实践的积极影响。例如，一项先进环保技术的使用能够减少污染物的排放，这不仅能够使食品企业内部员工的工作环境变得更好，而且也有助于其工厂所在地区外部周边群体生活质量的改善，因此我们期待企业社会绩效的提升可以受到食品企业内部环境管理实践的影响。Zhu 和 Sarkis（2004）、Zhu 等（2005）、Rao 等（2005）的实证研究指出，环境管理实践对经济绩效的提升有正向影响，对于食品企业来说，环境管理实践能够促使企业节能减排、降低成本，从而提升企业经济绩效。

食品企业通过环境管理实践，能够改善食品生产环节的环境质量，环保包装材料的使用有助于促进食品安全水平的提高。Wang 和 Chan（2013）指出，食品企业在实施环境管理实践的过程中，在食品生产和供应环节，一项新的食品生产技术或流程，新的产品环保包装的使用，可以减少有害物质排放，这不仅能够帮助企业改善食品生产加工条件，还能营造良好的食品存储环境，从而保障食品质量与安全。因而，我们期待食品企业内部实施环境管理实践能够提高企业的食品安全水平。

食品企业内部环境管理实践主要包括生产环境认证、清洁生产、生产绿色安全的产品、使用安全环保的包装材料、有效管理和利用资源、减少污染物排放等一系列环境管理与保护措施，而食品安全管理中最重要的一项内容就是环境管理，良好的食品生产加工、贮藏、配送环境是保障食品质量与安全的必要条件，较高的食品安全水平是企业提高绩效、持续健康发展的不竭动力（Florida，1996）。由此可见，食品企业内部环境管理实践在一定程度上能够通过对企业食品安全水平产生影响，来实现对食品企业绩效的影响。综上，我们做出如下假设。

H2：食品企业内部环境管理实践对 *a.*企业环境绩效、*b.*社会绩效、*c.*经济绩效有正向影响。

H8：食品企业内部环境管理实践对食品安全水平有正向影响。

H13：在食品企业内部环境管理实践对 *a.* 企业环境绩效、*b.* 社会绩效、*c.* 经济绩效的影响过程中，食品安全水平起到了中介作用。

5.3.3　食品企业监督评价供应链上下游企业

一些食品供应链上下游企业有可能会为了追求利润，不顾道德规范，违反相关法律，忽视企业食品安全责任，危害员工健康，超标排放污染物等。为了阻止这种行为出现，防范食品企业外部风险，食品供应链核心企业必须制定相关机制，对外部上下游成员企业实施监督与管理。上游供应商可能被要求提供所有原材料的质量检验报告，下游零售商可能被要求提供食品经营许可证书与冷链物流标准，食品企业应定期到供应商工厂和零售商卖场进行考察，了解他们在食品安全管理、员工劳动权益保障、环境管理等方面的情况，并进行监督评价。因此，对食品供应链上下游成员的监督评价，应该先合理制定考察指标，然后通过获取有关信息，来评价其在环境和社会责任管理方面的表现。Gimenez（2013）指出，这种监督评价的手段能够避免或减少污染物在食品供应链中传递，对食品企业环境绩效有正向作用。同时，我们也期待食品企业通过对供应链上下游成员的监督评价，可以降低外部风险，强化品牌管理，提升社会影响力，从而提高企业社会绩效。此外，Rao 和 Holt（2005）、Zhu 和 Sarkis（2004）指出，对供应链上下游成员进行监督评价对企业经济绩效有积极影响。监督评价供应链上下游企业能够帮助企业保障原材料质量，减少废物产生，同时确保产品安全流通销售，降低产品腐败率，减少退货，从而降低食品企业成本。

食品安全风险不只存在于单一食品企业内部，也存在于整个食品供应链的运作过程中。因此，在食品企业内部，各部门之间要加强交流与合作，以保证食品质量,降低或避免产品自身在企业内部的安全风险;与此同时,食品企业还需要对供应链上下游企业进行合理的监督评价,以降低企业外部的食品安全风险,加强食品安全管理(Leat 和 Revoredo-Giha, 2013)。Regattieri(2007)、Akkerman(2010)、Bai 和 Sarkis(2010)的实证研究都指出,食品企业通过建立有效的监督评价机制,对供应链上下游企业实施可持续性管理,能够提高食品安全水平,促进企业可持续发展。

降低企业外部食品安全风险是食品企业监督评价供应链上下游企业的主要目的。Bai 和 Sarkis(2010)指出,核心企业通过制定严格的供应商和零售商管理制度,监督上下游成员的食品安全管理情况,以保障上游原材料的安全及下游市场中产品的质量,能够避免食品安全事件的发生所带来的经济损失及对企业品牌造成的负面影响,从而实现企业经济和社会绩效的提升。同时,食品企业周期性评估和审计供应链上下游企业的环境保护管理情况,不仅可以促进上游企业环境责任的履行,还可以保障采购原材料的质量,保障食品安全,避免因产品不合格而带来的资源浪费,从而提高企业环境绩效(Gimenez, 2013)。由此可见,监督评价供应链上下游企业对食品企业社会、环境和经济绩效的影响,可以通过对食品安全水平的影响来实现。综上,我们做出如下假设。

H3:食品企业监督评价供应链上下游企业对 *a.* 企业环境绩效、*b.* 社会绩效、*c.* 经济绩效有正向影响。

H9:食品企业监督评价供应链上下游企业对食品安全水平有正向影响。

H14:在食品企业监督评价供应链上下游企业对 *a.* 企业环境绩效、*b.* 社会绩效、*c.* 经济绩效的影响过程中,食品安全水平起到了中介作用。

5.3.4 食品企业与供应链上下游企业的合作

食品企业与供应链上下游企业的合作涉及食品安全追溯系统的构建、食品安全风险检测与预警、绿色安全产品的合作设计和研发等,旨在共同提高社会和环境表现。Carter 和 Rogers（2008）认为食品企业与供应链上下游成员就共同遇到的食品安全、社会责任、环境保护、产品设计、资源利用等问题进行讨论交流、相互学习合作的过程，其实就是企业取长补短，获得外部有价值资源的过程，这一定程度上能够帮助食品企业提高可持续发展能力，从而改善自身在社会责任和环境保护方面的表现，提升企业的社会和环境绩效。同时，合作关系有助于食品企业与供应链上下游成员建立信任，并且上下游企业能够更好地理解食品企业的要求和期望，尤其是在社会和环境管理方面建立共同目标，有利于食品企业在社会责任和环境保护方面的可持续改善，最终达到企业的社会和环境绩效的提升。Zhu 和 Sarkis（2004）、Rao 和 Holt（2005）指出，食品企业与供应链上下游企业合作并帮助它们不断发展，能够帮助食品企业减少供应材料的浪费，降低产品退货率，同时加快信息在供应链中的传递，进而促进企业经营成本的降低，生产效率的提高，以及最终经济绩效的提升。

企业食品安全水平的提高离不开供应链上下游成员的支持和帮助，通过与上下游供应链企业的协调与沟通，建立经常性互访制度和信息共享机制，在合作过程中互相给予帮助，有利于食品企业改进产品质量。Smith（2008）指出，上游供应商利用自身优势，为食品企业提供一些合格的初加工或粗加工服务，有利于降低食品企业后续环节的各种压力，提高食品企业的精加工效率和质量保障能力。Vachon 和 Klassen（2006）指出，食品企业通过从下游零售商处了解产品销售信息，充分掌握市场需求，制定合理的食品生产计划，有利于企业实施更有效的食品安全管理活动，从而促进食品安全水平的提升。

食品企业与供应链上下游企业合作，构建利益共同体，建立食品安全追溯或预警系统，共同预测和解决食品安全问题，共同开展食品安全社会公益活动，能够大大加强企业食品安全管理活动的有效性，实现企业经济和社会绩效的持续提升（Gimenez 和 Sierra，2013）。另外，食品企业与供应链上下游企业在环境保护方面展开合作，共同努力改进生产技术，更新环保设备，加强污染物监测和控制，能够减少食品安全隐患，提升企业环境绩效（Li 等，2014）。由此可见，食品企业与供应链上下游企业合作能够通过影响食品安全水平对企业绩效产生影响。综上，我们做出如下假设。

H4：食品企业与供应链上下游企业合作对 *a*.企业环境绩效、*b*.社会绩效、*c*.经济绩效有正向影响。

H10：食品企业与供应链上下游企业合作对食品安全水平有正向影响。

H15：在食品企业与供应链上下游企业合作对 *a*.企业环境绩效、*b*.社会绩效、*c*.经济绩效的影响过程中，食品安全水平起到了中介作用。

5.3.5 食品安全水平

较高的食品安全水平是推动食品企业可持续发展和提高企业绩效的关键力量（Foster，2008）。Holt 和 Ghobadian（2009）指出，较高的食品安全水平有助于食品企业树立良好品牌形象，提高企业信用，扩大在行业中的影响力，促进企业社会绩效的提升。食品安全水平的提升要求企业能够严格遵守食品安全法律法规，在生产过程中注重环境保护，提高资源利用率，减少污染物排放，控制农兽药残留，合理使用食品添加剂，保证产品的安全可靠性。因此，食品安全水平的提升一定程度上也会帮助企业提高环境绩效（Zailani 等，2012）。此外，Giovanni 和 Vinizi（2012）指出，食品企业拥有较高的食品安全水平，有助于食品企业提高客户满意度，获得消费者的认可，降低退货成本，提高市场占有率，增加企业销售额，获得较高的利润，从而提升企业的社会经济绩效。因此，我们做出如下假设。

H11：食品安全水平对 *a*.企业环境绩效、*b*.社会绩效、*c*.经济绩效有正向影响。

5.3.6 食品企业绩效

食品企业拥有较高的社会影响力和社会绩效，说明其在食品安全保障、员工权益保护、社会公益参与等方面取得了一定的成果,有优于竞争者的良好社会形象,在同行业中具有较大的影响力,可以帮助企业拓展市场,挖掘更多的消费群体,提高企业销售额,获取更多的经济利润,从而提升企业的经济绩效(Sarkis 和 Talluri,2001)。同样,食品企业拥有较高的环境绩效,表明其在环保设备使用、清洁生产、污染物处理等方面取得了一定成效,企业产品因环境优势会更加吸引消费者,从而帮助企业扩大市场份额,增加产品销量,获得更大的经济效益,提升企业经济绩效(Goertzen,2007)。综上,我们做出如下假设。

H5:食品企业环境绩效对企业经济绩效有正向影响。

H6:食品企业社会绩效对企业经济绩效有正向影响。

5.4 数据统计与分析

本研究使用 SmartPLS 软件,运用结构方程模型——偏最小二乘法(PLS)进行数据统计与分析。

5.4.1 问卷设计与数据收集

通过参考相关文献、咨询行业专家及企业实地调研,本研究对企业食品安全水平的测量综合考虑了行业协会及社会认证、监管机构抽检及消费者认可情况三个层面。结合 Gold(2013)和 Liu 等(2017)对食品安全的相关研究,最终确定采用 9 个测量指标测量食品安全水平(见附录 2)。被访者依据问卷相关内容对食品企业在相关方面相较于竞争者的表现进行打分,评分标准运用 7 级李克特量表,从 1 分表示的"比竞争对手差"至 7 分表示的"比竞争对手好"。

通过参考相关文献、咨询行业专家及企业实地调研,本研究将食品企业在可持续发展方面的绩效分为三个维度:经济绩效、社会绩效和环境绩效。食品企业经济绩效的测量指标来源于 Giovanni 和 Vinizi（2012）、Lippke 等（2004）；社会绩效的测量指标来源于 Waddock 等（2015）、Kassinis 和 Soteriou（2013）；环境绩效的测量指标来源于 Zhu 等（2004）、Daily 等（2007）。经过专家建议和实验研究，最终分别采用 6 个指标测量经济绩效，6 个指标测量社会绩效，6 个指标测量环境绩效（见附录 2）。被访者依据问卷相关内容对食品企业在相关方面相较于竞争者的表现进行打分，评分标准运用 7 级李克特量表，从 1 分代表的"比竞争对手差"至 7 分代表的"比竞争对手好"。

本章的调查内容主要是食品企业在可持续供应链管理实践的实施与食品安全水平、企业绩效等相关情况，结合第 4 章设计出的可持续供应链管理实践量表与现有食品企业绩效、食品安全等指标的成熟测量，设计本章的调查问卷（见附录 2）。

考虑到食品企业一般员工对食品企业可持续供应链管理理解的程度较低，为保证收集数据的有效性和可靠性，本研究确定调查对象为食品供应链核心企业的中高层管理者；考虑到自身资源和调查时间的有限性，采用了与专业调查公司（51 调查网）合作的形式对我国的食品企业进行问卷调查。根据调查公司的反馈，本次调查共发出 400 份问卷，收回问卷 372 份，回收率为 93%，涉及粮食、果蔬、饮料等 11 个不同类型的食品行业。在进行初步问卷整理后，剔除 21 份回答不完整和明显不实回答的问卷，最终有效问卷为 351 份。

5.4.2 样本的描述

通过整理统计收集到的问卷数据，运用 Excel 及 SPSS 软件对样本食品企业特征进行描述，具体如表 5-1 所示。

表 5-1 样本食品企业特征

特征		比例
企业的所有制形式	国有	16.19%
	民营	70.48%
	中外合资	9.52%
	外商独资	3.81%
企业全职员工总数	小于 100 人	2.86%
	100～499 人	22.86%
	500～999 人	55.24%
	1 000～4 999 人	18.10%
	5 000 人及以上	0.95%
企业的注册资本	小于 100 万元	2.86%
	100 万（含）～500 万元	8.57%
	500 万（含）～1 000 万元	29.52%
	1 000 万（含）～5 000 万元	23.81%
	5 000 万（含）～1 亿元	20.95%
	1 亿（含）～3 亿元	10.48%
	3 亿元及以上	3.81%
年度总销售额	500 万（含）～1 000 万元	13.33%
	1 000 万（含）～5 000 万元	32.48%
	5 000 万（含）～1 亿元	31.33%
	1 亿（含）～3 亿元	19.52%
	3 亿元及以上	3.33%
企业规模	大型食品企业	45.61%
	中型食品企业	35.78%
	小型食品企业	18.61%
食品行业类型	畜产品行业	20.47%
	粮食行业	9.52%
	粮油制品行业	16.19%
	水产品行业	3.81%
	果蔬行业	5.71%

（续表）

特征		比例
食品行业类型	饮料行业	20.00%
	食品添加剂行业	11.43%
	其他行业	12.84%
企业实施可持续供应链管理的时间	未实施	17.14%
	已实施	82.86%
	小于1年	2.86%
	1年（含）～3年	36.19%
	3年（含）～5年	20.96%
	5年及以上	22.86%
认证情况	食品安全管理体系	
	未获得	7.62%
	已获得	92.38%
	环境管理体系	
	未获得	32.86%
	已获得	67.14%
	社会责任管理体系	
	未获得	51.62%
	已获得	48.38%
员工培训	食品安全管理	
	从不	2.86%
	有时	50.12%
	经常	47.02%
	企业环境管理	
	从不	24.76%
	有时	40.11%
	经常	35.13%
	企业社会责任管理	
	从不	31.90%
	有时	47.10%
	经常	31.00%

（续表）

特征		比例
供应商管理	社会责任管理	
	从不	29.74%
	有时	51.62%
	经常	18.64%
	企业环境管理	
	从不	21.68%
	有时	40.41%
	经常	37.91%
	可持续供应链管理培训	
	从不	18.67%
	有时	37.74%
	经常	43.59%

针对样本食品企业的所有制形式分布：占比最大的是民营企业，占总样本的70.48%；其次是国有企业，占总样本的16.19%；外商独资企业占总样本的3.81%；中外合资企业占总样本的9.52%。

针对样本食品企业的员工人数分布：企业员工人数小于100人的仅占总体样本的2.86%，22.86%的企业员工人数在100～499人，55.24%的企业员工人数在500～999人，18.10%的企业员工人数在1 000～4 999人，0.95%的企业员工人数在5 000人及以上。利用员工人数来估计企业规模，可以得知员工人数小于100人的小型食品企业占总样本企业的2.86%，员工人数在100～999人的中型食品企业占总样本的78.10%，员工人数在1 000～4 999人的大型食品企业占总样本的18.10%，而员工人数在5 000人及以上的超大型食品企业数量较少，占总样本的0.95%。

针对样本食品企业的注册资本分布：注册资本在500万（含）～1 000万元的食品企业占比最大，数量最多，占总样本企业的29.52%；注册资本小于100万元的食品企业占比最小，数量最少，占总样本企业的2.86%。其余分布情况为：注册资本在100万（含）~500万元的食品企业占总样本企业的8.57%，注册资本在1 000万（含）~5 000万元的食品企业占总样本企业的23.81%，注册资本在5 000万（含）~1亿元的食品企业占总样本企业的20.95%，注册资本在1亿（含）~3亿元的食品企业占总样本企业的10.48%，注册资本在3亿元及以上的食品企业占总样本企业的3.81%。

针对样本食品企业的年度总销售额分布：销售额在1 000万（含）~1亿元的食品企业数量最多，占总样本企业的63.81%，其中31.33%的食品企业年度总销售额在5 000万（含）~1亿元，32.48%的企业年度总销售额在1 000万（含）~5 000万元；年度总销售额在1亿（含）~3亿元的食品企业占总样本企业的19.52%；年度总销售额在1 000万元以下的食品企业占总样本企业的13.33%；年度总销售额在3亿元及以上的食品企业数量较少，占总样本企业的3.33%。

针对样本食品企业规模分布：大型食品企业占总样本企业的45.61%，总量约为总样本的1/2；中型食品企业占总样本企业的35.78%；小型食品企业占总样本企业的18.61%。

针对样本企业所属食品行业类型分布：属畜产品行业的食品企业数量最多，占总样本企业的20.47%；其次为饮料行业的食品企业，占比20.00%；粮油制品行业的食品企业占比16.19%；食品添加剂行业的食品企业占比11.43%；粮食行业的食品企业占比9.52%；果蔬行业的食品企业占比5.71%；水产品行业的食品企业占比3.81%；其他行业的食品企业占比12.84%。

针对样本食品企业实施可持续供应链管理的时间分布：已实施的食品企业占总样本企业的82.86%，目前未实施可持续供应链管理的食品企业占总样本企业的17.14%，样本数量约为已实施企业的1/5；在已开始实施可持续供应链管理的食品企业中，实施时间在1年（含）~3年的食品企业数量最多，在总样本企业中的占比为36.19%；其次是实施时间在5年及以上的食品企业，在总样本企业中的占比为22.86%；接着是实施时间在3年（含）~5年的食品企业，在总样本企业中的占比为20.96%；数量最少的是实施时间在1年以下的食品企业，仅占总样本企业的2.86%。有近4/5的食品企业已开始实施可持续供应链管理，有约一半的食品企业实施可持续供应链管理的时间达到3年及以上。

针对样本食品企业获得相关管理体系认证情况分布：有92.38%食品企业已经获得了食品安全管理体系认证，只有很少的食品企业未获得食品安全管理体系认证，仅占总样本企业的7.62%；有67.14%的食品企业已经获得了环境管理体系认证，未获得该认证的食品企业约为已获得认证企业的1/2，占总样本企业的32.86%；已获得社会责任管理体系认证的食品企业占总样本的48.38%，未获得该认证的食品企业数量略高于已获得该认证企业的数量，占总样本企业的51.62%。由此可以看出，样本食品企业目前在管理中更重视企业的食品安全管理和环境管理，对社会责任管理还不够重视。

针对样本食品企业进行员工培训的情况分布：企业在食品安全管理方面进行员工培训的比例较高，经常对员工进行食品安全管理相关培训的食品企业占总样本企业的47.02%，有时对员工进行食品安全管理方面培训的食品企业占总样本企业的50.12%，没有对员工进行食品安全管理方面培训的食品企业占总样本企业的2.86%；在企业环境管理方面，经常对员工进行企业环境管理相关培训的食品企业占总样本企业的35.13%，有时对员工进行企业环境管理相关培训的食品企业占总样本企业的40.11%，没有对员工进行企业环境管理相关培训的食品企业占总样本企业的24.76%；在企业社会责任管理方面，经常对员工进行社会责任管理相关培训的食品企业占总样本企业的31.00%，有时对员工进行社会责任管理相关培训的食品企业占总样本企业的47.10%，没有对员工进行社会责任管理相关培训的食品企业占总样本企业的31.90%。由此可知，在员工培训方面，食品企业进行经常性的相关培训的比例并不高，其中食品安全管理培训比例最高，环境管理培训比例较高，社会责任管理培训比例较低，企业相对重视食品安全和环境管理培训，忽视了企业社会责任管理培训；近一半的食品企业偶尔对员工进行相关培训；存在一部分食品企业不对员工进行相关培训的情况。

第 5 章 可持续供应链管理实践对企业绩效及食品安全水平影响关系的研究

从样本企业对主要供应商进行相关管理情况看，大部分企业都对主要供应商进行可持续供应链方面的管理，其中对主要供应商经常进行社会责任管理的食品企业占总样本企业的 18.64%，有时对供应商进行企业社会责任管理的食品企业占总样本企业的 51.62%，没有对供应商进行社会责任管理的食品企业占总样本企业的 29.74%；在供应商企业环境管理方面，经常对供应商进行企业环境管理的食品企业占总样本企业的 37.91%，有时对供应商进行企业环境管理的食品企业占总样本企业的 40.41%，没有对供应商进行企业环境管理的食品企业占总样本企业的 21.68%。

从上述分析可以看出，研究的样本食品企业在所有制形式、企业规模（员工总数、企业注册资本）、年度总销售额的分布能够基本反映我国食品企业的情况，样本企业具有一定代表性。样本企业所属的食品行业类型、实施可持续供应链管理的时间、认证情况、员工培训情况能够反映我国食品企业目前在可持续供应链管理方面的现状，企业之间存在差异，有的食品企业进行可持续供应链管理的时间较长，有的食品企业则刚刚起步，还有的食品企业没有实施可持续供应链管理，大部分食品企业逐步取得相关管理体系认证，比较重视食品安全管理，部分食品企业也已经开始开展企业社会责任和环境保护方面的员工培训，同时也有大部分企业对主要供应商进行了可持续供应链方面的管理。

5.4.3 效度和信度分析

本研究对测量量表信度的分析采用了两个有关系数，分别是 C.R 值和克仑巴赫信度系数。如表 5-2 所示，所有研究变量的 C.R 值在 0.7429 到 0.9651 之间，且克仑巴赫信度系数的值在 0.7239 到 0.9591 之间，均大于已有相关文献中建议的临界值 0.70，由此判断测量量表具备较好的信度水平。

本研究对测量量表效度的分析采用了两个指标，分别是收敛效度和判别效度。收敛效度的检验采用因子载荷和平均提取方差（AVE）的方式，一般要求因子载荷大于 0.70 并在 0.01 的水平下显著,平均提取方差大于 0.50,则说明测量具有较好的收敛效度。如表 5-2 所示,所有测量指标的因子载荷都大于 0.70 且在 0.01 的水平下显著,而且 AVE 也大于相关文献中建议的临界值 0.50,这说明测量量表具有较好的收敛效度。

表 5-2 测量模型估计结果

指标	载荷	T 值***	C.R 值	平均方差提取值	克仑巴赫信度系数
D1 食品安全管理					
D11	0.7522	24.88775			
D12	0.8262	36.26341			
D13	0.794	32.53381			
D14	0.8027	35.71021	0.9261	0.799	0.9098
D15	0.7513	29.53836			
D16	0.6924	20.3665			
D17	0.8272	40.29485			
D2 社会公益					
D41	0.7828	16.65621			
D42	0.7505	30.83649			
D43	0.789	20.33905			
D44	0.7179	22.18794	0.872	0.552	0.833
D45	0.7386	15.27235			
D46	0.7885	18.72103			
D47	0.745	30.517			
D3 员工权益					
D51	0.7779	32.45941			
D52	0.793	31.94152			
D53	0.7151	11.11104			
D54	0.7863	37.38917	0.9029	0.807	0.8729
D55	0.8204	40.25096			
D56	0.7857	30.33763			
D57	0.7841	38.07845			

(续表)

指标	载荷	T值***	C.R值	平均方差提取值	克仑巴赫信度系数
D4 产品绿色安全					
D61	0.8585	58.40587	0.9066	0.797	0.8709
D62	0.789	34.99189			
D63	0.8434	58.033			
D64	0.8347	53.57899			
D65	0.7323	29.62065			
D5 产品包装安全环保					
D71	0.8402	52.50812	0.9041	0.773	0.875
D72	0.8029	46.22664			
D73	0.7902	11.96986			
D74	0.8099	40.41883			
D75	0.7887	31.70118			
D76	0.7512	29.28054			
D77	0.704	23.16812			
D6 环境保护管理					
D81	0.7284	27.14917	0.9296	0.846	0.913
D82	0.7033	21.92109			
D83	0.835	53.8961			
D84	0.7903	30.30928			
D85	0.7941	33.86137			
D86	0.8147	60.08929			
D87	0.8423	51.20421			
D88	0.7978	36.47379			
E9 监督评价供应链上下游企业					
E91	0.861	62.83688	0.9139	0.845	0.8951
E92	0.7255	16.845			
E93	0.7373	34.50326			
E94	0.7947	22.19352			
E95	0.742	32.80187			

(续表)

指标	载荷	T值***	C.R值	平均方差提取值	克伦巴赫信度系数
E96	0.7776	19.63738	0.9139	0.845	0.8951
E97	0.7228	16.29508			
E98	0.7072	23.82193			
E99	0.7318	19.0646			
E10 与供应链上下游企业合作					
E101	0.8415	52.98405	0.9107	0.509	0.8903
E102	0.7546	14.22916			
E103	0.7215	15.66757			
E104	0.7816	35.44444			
E105	0.7387	25.59716			
E106	0.7096	24.89568			
E107	0.7146	23.04735			
E108	0.7503	26.53528			
E109	0.7886	15.48642			
F 食品安全水平					
F1	0.7382	20.73081	0.8166	0.66	0.7239
F2	0.7982	21.86808			
F3	0.8005	28.09068			
F4	0.7015	14.21045			
F5	0.7691	15.6682			
F6	0.7418	3.356403			
F7	0.7547	26.0912			
F8	0.7268	25.11544			
F9	0.8021	35.51008			
G1 经济绩效					
G11	0.7169	1.186864	0.7429	0.557	0.9313
G12	0.7542	1.264453			
G13	0.767	1.251755			
G14	0.7133	10.26422			

（续表）

指标	载荷	T值***	C.R值	平均方差提取值	克仑巴赫信度系数
G15	0.7455	5.234415	0.7429	0.557	0.9313
G16	0.7087	6.242483			
G2 环境绩效					
G21	0.7657	35.53326	0.8797	0.761	0.9591
G24	0.7263	12.33051			
G25	0.8446	7.980257			
G26	0.7509	28.27624			
G3 社会绩效					
G31	0.8061	37.16448	0.9011	0.569	0.8707
G32	0.7048	21.4089			
G33	0.7961	33.96844			
G34	0.7504	10.63979			
G35	0.808	35.31862			
G36	0.7907	38.59594			
食品企业内部社会责任管理实践*					
D1	0.9298	32.348	0.9651	0.5564	0.962
D2	0.9871	33.478			
D3	0.9675	35.565			
食品企业内部环境管理实践*					
D4	0.8433	44.907	0.9629	0.5668	0.9105
D5	0.8761	45.065			
D6	0.7859	51.086			

注：*** 表示所有指标的载荷都在 0.01 的水平下显著，* 表示二阶变量。

我们通过比较每个潜变量的平均提取方差的算术平方根与该变量跟其他变量间的相关系数来评价判别效度。表 5-3 中对角线上平均提取方差的算术平方根都大于相应非对角线的纵向和横向位置上的相关系数，说明测量具有较好的判别效度。

表 5-3 相关系数表

项目	D1	D2	D3	D4	D5	D6	E9	E10	F	G1	G2	G3
食品安全管理（D1）	0.8936	0	0	0	0	0	0	0	0	0	0	0
社会公益（D2）	0.6373	0.7427	0	0	0	0	0	0	0	0	0	0
员工权益（D3）	0.8838	0.6744	0.8981	0	0	0	0	0	0	0	0	0
产品绿色安全（D4）	0.8718	0.6884	0.8939	0.8929	0	0	0	0	0	0	0	0
产品包装安全环保（D5）	0.8496	0.6218	0.8119	0.8699	0.8794	0	0	0	0	0	0	0
环境保护管理（D6）	0.8576	0.7345	0.8772	0.8879	0.8656	0.9196	0	0	0	0	0	0
监督评价供应链上下游企业（E9）	0.8231	0.689	0.8895	0.869	0.8751	0.903	0.919	0	0	0	0	0
与供应链上下游企业合作（E10）	0.6593	0.6355	0.6372	0.5335	0.6922	0.6921	0.698	0.7132	0	0	0	0
食品安全水平（F）	0.7291	0.5794	0.6617	0.6506	0.662	0.5924	0.5744	0.5539	0.8123	0	0	0
经济绩效（G1）	-0.299	-0.211	-0.3202	-0.3331	-0.311	-0.268	-0.2383	-0.2493	0.2746	0.7463	0	0
环境绩效（G2）	0.8045	0.6111	0.7684	0.7166	0.7512	0.7301	0.7182	0.6931	0.7918	0.3158	0.8723	0
社会绩效（G3）	0.7237	0.5668	0.7357	0.6585	0.7259	0.6713	0.6402	0.6407	0.7195	0.2979	0.747	0.7543

5.4.4 影响路径及机理分析

（1）影响路径分析结果

本研究中结构模型的解释能力采用 R^2 来判断，通常情况下要求大于 10%，所构建的模型对企业食品安全水平有 65.28% 的解释能力；在企业绩效方面，模型对环境、社会和经济绩效分别有 79.96%、72.21% 和 68.42% 的解释能力，均高于规定值，说明本研究所构建的模型具有较强的解释能力。

本研究采用结构方程模型对假设 H1—H11 进行估计并检验，讨论模型中概念之间的显著性影响，即对路径系数进行估计并做出显著性检验，结果如图 5-2 所示。

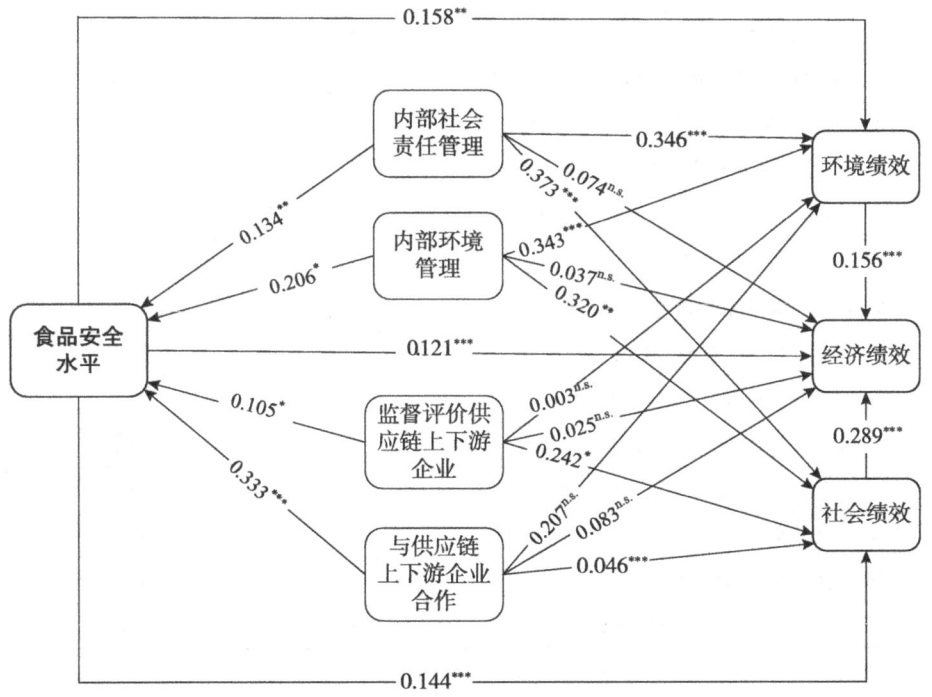

注：*、**、*** 分别表示在 0.1、0.05 和 0.01 的水平下显著。n.s. 表示没有显著影响。

图 5-2 结构方程模型估计结果

如图 5-2 所示，3 个研究假设在 0.1 的显著性水平下支持：H3b、H8 和 H9；4 个研究假设在 0.05 的显著性水平下支持：H2b、H6、H7 和 H11a；8 个研究假设在 0.01 的显著性水平下支持：H1a、H1b、H2a、H4a、H5、H10、H11b 和 H11c。具体结果如表 5-4 所示。

表 5-4　研究假设 H1～H11 检验结果

研究假设	结果
H1a：内部社会责任管理→环境绩效	支持
H1b：内部社会责任管理→社会绩效	支持
H1c：内部社会责任管理→经济绩效	不支持
H2a：内部环境管理→环境绩效	支持
H2b：内部环境管理→社会绩效	支持
H2c：内部环境管理→经济绩效	不支持
H3a：监督评价供应链上下游企业→环境绩效	不支持
H3b：监督评价供应链上下游企业→社会绩效	支持
H3c：监督评价供应链上下游企业→经济绩效	不支持
H4a：与供应链上下游企业合作→环境绩效	不支持
H4b：与供应链上下游企业合作→社会绩效	支持
H4c：与供应链上下游企业合作→经济绩效	不支持
H5：环境绩效→经济绩效	支持
H6：社会绩效→经济绩效	支持
H7：内部社会责任管理→食品安全水平	支持
H8：内部环境管理→食品安全水平	支持
H9：监督评价供应链上下游企业→食品安全水平	支持
H10：与供应链上下游企业合作→食品安全水平	支持
H11a：食品安全水平→环境绩效	支持
H11b：食品安全水平→社会绩效	支持
H11c：食品安全水平→经济绩效	支持

（2）影响效应分解

变量间的影响关系包括直接影响和间接影响，直接效应和间接效应构成了变量间影响关系的总效应。下面给出本研究所构建模型中的直接效应和间接效应分析。

①**直接效应**

前置变量（自变量）到结果变量（因变量）的直接影响为直接效应，其大小可以用相关路径系数直接衡量。若没有任何中介变量存在于前置变量和结果变量之间，则变量间影响关系的总效应即为变量间的直接效应。

本研究中食品企业内部社会责任管理实践、内部环境管理实践、监督评价供应链上下游企业及与上下游企业合作均没有受到其他变量的影响，为外生变量，不存在其他变量对其的直接效应或间接效应。企业的环境绩效、社会绩效及经济绩效为内生变量，受到内部社会责任管理实践、内部环境管理实践、监督评价供应链上下游企业及与上下游企业合作四个变量的直接影响，直接效应如表 5-5 所示。

②**间接效应**

间接效应是指通过一个或多个中介变量，前置变量对结果变量产生间接影响。当中介变量为一个时，间接效应为前置变量到中介变量的路径系数与中介变量到结果变量的路径系数的乘积。当中介变量为两个及两个以上时，间接效应为前置变量到结果变量所有路径系数乘积之和。

在本研究中，食品企业绩效变量（因变量）受到可持续供应链管理实践（前置变量）和食品安全水平（中介变量）的共同影响，此时就要考虑间接效应的影响。本研究中的变量间影响效应分解如表 5-5 所示。

表 5-5　变量间影响效应分解

影响关系	总效应	直接效应	间接路径	间接效应
内部社会责任管理→环境绩效	0.367	0.346***	内部社会责任管理→食品安全水平→环境绩效	0.021
内部社会责任管理→社会绩效	0.392	0.373***	内部社会责任管理→食品安全水平→社会绩效	0.019
内部社会责任管理→经济绩效	0.090	0.074	内部社会责任管理→食品安全水平→经济绩效	0.016

（续表）

影响关系	总效应	直接效应	间接路径	间接效应
内部环境管理→环境绩效	0.376	0.343***	内部环境管理→食品安全水平→环境绩效	0.033
内部环境管理→社会绩效	0.350	0.32**	内部环境管理→食品安全水平→社会绩效	0.030
内部环境管理→经济绩效	0.062	0.037	内部环境管理→食品安全水平→经济绩效	0.025
监督评价供应链上下游企业→环境绩效	0.020	0.003	监督评价供应链上下游企业→食品安全水平→环境绩效	0.017
监督评价供应链上下游企业→社会绩效	0.257	0.242*	监督评价供应链上下游企业→食品安全水平→社会绩效	0.015
监督评价供应链上下游企业→经济绩效	0.038	0.025	监督评价供应链上下游企业→食品安全水平→经济绩效	0.013
与供应链上下游企业合作→环境绩效	0.260	0.207	与供应链上下游企业合作→食品安全水平→环境绩效	0.053
与供应链上下游企业合作→社会绩效	0.094	0.046***	与供应链上下游企业合作→食品安全水平→社会绩效	0.048
与供应链上下游企业合作→经济绩效	0.123	0.083	与供应链上下游企业合作→食品安全水平→经济绩效	0.040

注：*、**、***分别表示在0.1、0.05和0.01的水平下显著。

5.4.5 食品安全水平的中介作用分析

按照Baron与Kenny（1986）的观点，形成中介效应检测的四个步骤为：（1）前置变量对中介变量具有显著的影响效果；（2）中介变量对结果变量具有显著的影响效果；（3）前置变量对结果变量具有显著的影响效果；（4）同时将前置变量与中介变量加入回归模型中，通过判断前置变量对结果变量显著与否，来判断中介效应为部分中介效应还是完全中介效应。

第 5 章 可持续供应链管理实践对企业绩效及食品安全水平影响关系的研究

本研究中食品企业内部社会责任管理实践、内部环境管理实践、监督评价供应链上下游企业及与上下游企业合作为前置变量（IV），企业环境绩效、社会绩效及经济绩效为结果变量（DV），食品安全水平在前置变量和结果变量中起到了中介作用，为中介变量（M）。本研究用 SPSS 20.0 软件进行中介效应验证，分别进行中介变量关于前置变量、结果变量关于中介变量、结果变量关于前置变量、结果变量关于前置变量和中介变量的回归分析，具体结果如表 5-6 所示。

表 5-6 食品安全水平中介作用的判断结果

IV	M	DV	$IV \to M$	$M \to DV$	$IV \to DV$	$IV+M \to DV$		中介作用判断
						IV	M	
内部社会责任管理	食品安全水平	环境绩效	0.127**	0.175**	0.375***	0.105**	0.449*	部分中介
		社会绩效	0.127**	0.164***	0.386***	0.275***	0.367***	部分中介
		经济绩效	0.127**	0.123***	0.081*	0.063	0.682***	完全中介
内部环境管理	食品安全水平	环境绩效	0.254*	0.175**	0.345***	0.156***	0.394***	部分中介
		社会绩效	0.254*	0.164***	0.323**	0.105*	0.483**	部分中介
		经济绩效	0.254*	0.123**	0.039*	0.018	0.516***	完全中介
监督评价供应链上下游企业	食品安全水平	环境绩效	0.163*	0.175***	0.013*	0.005	0.057*	完全中介
		社会绩效	0.163*	0.164***	0.273*	0.251*	0.391***	部分中介
		经济绩效	0.163*	0.123**	0.034*	0.015	0.674***	完全中介
与供应链上下游合作	食品安全水平	环境绩效	0.287***	0.175**	0.215*	0.118	0.653*	完全中介
		社会绩效	0.287***	0.164***	0.048***	0.225***	0.591***	部分中介
		经济绩效	0.287***	0.123***	0.072	0.083	0.709***	完全中介

注：*、**、***分别表示在 0.1、0.05 和 0.01 的水平下显著。

由表 5-6 可知，在食品企业可持续供应链管理实践对企业绩效影响的过程中，食品安全水平具有中介作用，可假设 H12a-c、H13a-c、H14a-c 及 H15a-c 均成立。其中，食品安全水平起部分中介作用的影响过程有 6 个，即内部社会责任管理实践对企业环境绩效（H12a）、社会绩效（H12b）的影响，内部环境管理实践对企业环境绩效（H13a）、社会绩效（H13b）的影响，监督评价供应链上下游企业对企业社会绩效（H14b）的影响，与供应链上下游企业合作对企业社会绩效（H15b）的影响；食品安全水平起完全中介作用的影响过程有6个，即内部社会责任管理实践对企业经济绩效（H12c）的影响，内部环境管理实践对企业经济绩效（H13c）的影响，监督评价供应链上下游企业对企业环境绩效（H14a）、经济绩效（H14c）的影响，与供应链上下游企业合作对企业环境绩效（H15a）、经济绩效（H15c）的影响。

5.5 分析与讨论

5.5.1 食品企业可持续供应链管理实践与企业绩效

（1）食品企业内部可持续供应链管理实践与食品企业的社会和环境绩效

本研究发现，食品企业内部社会责任管理实践对企业的社会绩效有正向影响；食品企业内部社会责任管理实践对企业的环境绩效有正向影响；食品企业内部环境管理实践对企业的社会绩效有正向影响；食品企业内部环境管理实践对企业的环境绩效有正向影响。以上结论表明，食品企业对自身进行社会责任和环境保护管理实践，能够有效促进食品企业社会绩效和环境绩效的提升，这一研究结论与目前已有的文献，如 Teixeira 等（2016）、Philip（2014）和 Gawankar（2017）等人的研究结论一致，表明了可持续供应链管理实践对食品企业的社会和环境绩效的提升作用同样有效。

根据资源基础理论的相关解释，食品企业通过内部社会责任管理和环境管理实践能够帮助其获得其他企业难以效仿的、有价值的相关资源和能力,从而获得竞争优势,同样也代表着食品企业实现了由内部环境管理实践带来的环境绩效的提升,以及由内部社会责任管理实践带来的社会绩效的提升。

在食品企业实施可持续供应链管理的过程中,内部环境管理实践包括环境管理认证、改进工艺与节能减排、清洁生产、能源与水资源治理、绿色包装与包装回收等,这些实践促进了食品企业环境绩效的提升,同时也有助于提升食品企业在客户和消费者眼中的形象,有助于食品企业获得良好的品牌美誉度,进而提高食品企业社会声誉,并在一定程度上促进了食品企业社会绩效的提升。食品企业内部社会责任管理实践包括食品安全相关认证、产业链品质提升、技术创新与绿色安全产品研发、员工培训与组织关怀、社会公益与消费者责任等,这些实践提升了食品企业的社会绩效。食品企业加强社会责任管理,注重员工工作环境的治理,致力于绿色产品的生产与研发,这些实践都将对食品企业的环境管理与环境保护产生积极的影响,从而使食品企业的环境绩效得以提升。

(2)食品企业外部可持续供应链管理实践与企业的社会和环境绩效

本研究发现,监督评价供应链上下游企业对食品企业的社会绩效有正向影响;与供应链上下游企业合作对食品企业的社会绩效有正向影响。一方面,食品企业通过监督评价供应链上下游企业,能够保证原材料的质量安全与产品质量,进而降低食品安全风险,减少食品安全事件对企业声誉的影响,维护企业品牌和产品形象,对企业社会绩效的提升有重要意义;另一方面,食品企业通过与供应链上下游企业合作,能够使企业交易成本降低,借助上游原材料供应商和下游零售商的支持,在食品产品研发、生产加工、配送及销售各个环节扩大企业影响力,增强企业品牌度,对食品企业社会绩效的提升有一定的帮助。

在食品企业实施可持续供应链管理实践的过程中,食品企业监督评价供应链上下游企业的实践包括供应商与零售商准入机制、产品流通与冷链物流标准、原材料质量定期检测与评估、供应商食品培训与认证、供应链上下游环境监管等。在我们的研究框架中，食品企业与供应链上下游企业合作的实践包括供应链风险共担机制、供应链共赢发展机制、供应商合作帮扶计划、产品合作研发计划、食品可追溯平台构建等。通过对我国食品企业的实证研究，我们可知监督评价供应链上下游企业对食品企业的环境绩效没有显著影响，与供应链上下游企业合作对食品企业的环境绩效没有显著影响。这一结论表明，当前我国食品企业在进行可持续供应链管理实践的过程中，更关注社会责任，如监督评价上游供应商提供的原材料质量、制定流通冷链物流标准、引导下游零售商对企业产品的安全销售、与供应链上下游企业加强在食品安全社会责任方面的合作等；而在如何指导供应商开展清洁生产、更新环保设备、减少废弃物排放、提高资源利用率等环境管理方面，食品企业对供应链上下游企业的监督评价与合作相对较少。

（3）食品企业内部和外部可持续供应链管理实践与经济绩效

本研究发现，食品企业内部可持续供应链管理实践对企业经济绩效没有直接影响，食品企业外部可持续供应链管理实践对企业经济绩效也没有直接影响，而食品企业环境绩效和社会绩效均对企业经济绩效有显著正向影响。这一结论与发展中国家可持续供应链管理实践对经济绩效的影响相同。综合考虑以上结论，我们可以发现食品企业在社会责任和环境管理方面的实践，虽然短期内没有使食品企业在经济绩效上产生直接的提升，但是从长远来看，食品企业在对自身及供应链上下游企业进行社会责任管理和环境管理实践的过程中，慢慢积累起来的良好的社会责任表现和环境保护表现，能够帮助企业在客户和社会舆论中获得较高的满意度，从而促进企业经济效益的改善。因此，食品企业切忌一味追求眼前的经济利益而忽视可持续供应链管理实践对企业经济效益的长远影响。

5.5.2 食品企业可持续供应链管理实践与食品安全水平

（1）食品企业内部可持续供应链管理实践与食品安全水平

本研究发现，食品企业内部社会责任管理实践对食品安全水平有正向影响，食品企业内部环境管理实践对食品安全水平也有正向影响。这一结论表明，食品企业对自身进行社会责任管理和环境管理，能够有效地提升食品安全水平，食品企业实施可持续供应链管理是解决食品安全问题、阻止食品安全事件发生的有效手段。

食品企业通过致力于不断提升食品产业链品质，积极开展食品安全认证，通过技术创新、绿色健康产品研发等提升消费者满意度，以及支持社会公益、关注消费者、员工健康等相关实践活动，树立了高品质、高质量的发展目标，增强了食品企业的食品安全意识，降低了违约、失信经营行为发生的可能性，最终提升了食品企业的食品安全水平。

此外，食品企业在环境管理实践过程中开展环境资质认证，可以在一定程度上保障食品生产环节的生产环境安全，避免生产环节的食品污染。食品企业积极开展清洁生产，做好资源与能源管理，使用环保的包装，有助于减少污染物的排放，提高资源利用率，而且能够有效避免食品中有害物质残留和循环，在保障食品生产环境安全的同时保护了自然环境。因此，环境管理实践对食品企业乃至整个食品行业安全水平的提升具有重要意义。

由此可见，食品企业实施可持续供应链管理是食品企业实施高质量发展的要求，降低了环境污染和社会责任缺失等原因导致的食品安全事件发生的概率，极大程度提升了企业的食品安全水平。

（2）食品企业外部可持续供应链管理实践与食品安全水平

本研究发现，食品企业监督评价供应链上下游企业及与供应链上下游企业合作对食品安全水平均有正向影响。这一结论表明，食品企业对供应链上下游企业进行可持续供应链管理，能够有效地提升食品安全水平。

食品供应链成员间是风险共担、共同盈利的运营模式。食品供应链任何一个环节的问题都会在整个供应链扩大，进而造成更大的食品安全问题。因此，作为整个供应链的核心，食品企业除了加强对自身的环境与社会责任管理之外，更应该注重对供应链上下游成员的监督与评价，开展共同合作，制定供应商准入机制与流通环节的物流标准，对供应商开展定期抽检与质量安全调查，促使合作伙伴提供优质原料或服务；建立食品供应链可追溯平台，让合作伙伴了解并认同自身的经营理念，并对其进行有效的监督与评价，使其能达到食品安全及环境保护等要求。同时，食品供应链核心企业应该针对长期合作的上下游企业开展帮扶计划，共同研发产品，制定共赢的可持续发展战略。只有食品企业与供应链上下游企业都树立严格的环境保护和食品安全社会责任观念并相互合作，才能确保食品从相关原料的入场、生产加工到产品完成后的包装、物流、销售等环节的质量，提高食品安全水平，满足消费者在食品质量与安全方面的需求。

5.5.3 食品安全水平与企业绩效

本研究发现，食品安全水平对食品企业的社会绩效有正向影响，食品安全水平对食品企业的环境绩效有正向影响，食品安全水平对食品企业的经济绩效有正向影响。这一结论表明，食品企业绩效的提升可以通过食品安全水平的提高来实现，食品安全水平的提升可以有效地促进企业的可持续发展。这一研究结论与目前已有的相关文献，如 Monika（2011）、Shuo（2016）等研究中的观点相一致。

首先，保障食品质量与安全是食品企业履行社会责任最重要的体现，具有较高的食品安全水平能够说明企业拥有良好的食品安全管理能力，可以帮助企业赢得消费者的信任，提高产品知名度，打造企业品牌效应，提升企业社会声誉，从而在很大程度上改善企业的社会绩效。其次，较高的食品安全水平，本身就是企业在食品生产过程中注重环境责任、严格控制有毒有害物质的使用及注重食品包装环保性而达成的效果；而无农兽药残留、无有害物质的健康食品对自然环境的影响也较低，在一定程度上能够有效遏制污染源通过人体进行传播，避免对环境造成不利影响。最后，较高的食品安全水平，能够提升食品企业核心竞争力，提高企业市场占有率，扩大产品销量，从而增加企业营收，促进企业经济绩效的提升。

5.5.4 食品安全水平的中介作用

总体来看，在可持续供应链管理实践对企业绩效的影响过程中，食品安全水平起到了中介作用。

在食品企业内部社会责任管理与环境管理实践分别对企业环境绩效、社会绩效的影响过程中，食品安全水平均起到了部分中介作用，而在其对企业经济绩效的影响过程中，食品安全水平则起到了完全中介作用。这一结论表明，食品企业在内部社会责任管理与环境管理方面的努力，既可以直接带动企业社会绩效和环境绩效的提升，也可以通过影响企业食品安全水平来间接提升企业的社会绩效和环境绩效。然而，食品企业要想使内部社会责任管理与环境管理的相关实践对企业经济绩效产生影响，则必须通过改善企业的食品安全水平来实现经济绩效的提升。这一结论说明，由于食品企业的社会责任管理与环境管理的实践成本投入较大，因此短期内对食品企业经济绩效的提升作用不明显。但食品企业可持续供应链管理对企业食品安全水平的改善是显著的，在食品安全水平提升的前提与传导作用下，会降低食品企业的食品安全风险，进而减少食品企业面临的食品安全惩罚及违约成本，促进食品企业经济绩效的提升。

在监督评价供应链上下游企业对食品企业社会绩效的影响过程中，食品安全水平起到了部分中介作用，而在其分别对企业环境绩效、经济绩效的影响过程中，食品安全水平则起到了完全中介作用。这一结论表明，食品企业监督评价供应链上下游企业能够直接影响食品企业的社会绩效，提高企业食品安全水平能够间接影响食品企业的社会绩效。然而，食品企业对供应链上下游的监督与评价仅仅提升了上下游企业的社会责任意识，对改善食品企业经济绩效的效果并不明显，它对食品安全水平的提升作用可以间接带来食品企业经济绩效和环境绩效的改善。这一研究结论与目前已有的相关文献，如Giovanni和Vinizi（2012）等研究中的观点相一致。

在食品企业与供应链上下游企业合作对企业社会绩效的影响过程中，食品安全水平起到了部分中介作用，而在食品企业与供应链上下游企业合作对企业环境绩效和经济绩效的影响过程中，食品安全水平则起到了完全中介作用。这一结论表明，食品企业与供应链上下游企业合作不仅能够直接带动企业社会绩效的提升，同时也能够通过提高食品安全水平对企业社会绩效产生间接促进作用。而食品企业环境绩效和经济绩效的提升，则需要通过食品安全水平的提升才能够实现。食品企业与供应链上下游企业合作注重供应商帮扶计划，建立的供应商合作模式对食品企业的社会绩效提升作用明显，但对食品企业经济绩效和环境绩效并没有明显的提升作用。因此，食品企业在与供应链上下游企业合作的过程中，必须注重食品安全方面的合作，如共同解决食品安全问题，共同构建食品安全追溯和预警体系，加强食品安全信息交流等，只有这样才能通过改善企业食品安全水平来实现企业环境和经济绩效的提升。这一研究结论与目前已有的相关文献，如Holt和Ghobadian（2009）、Zailani等（2012）研究中的观点相一致。

综上所述，食品企业可持续供应链管理实践与企业绩效之间的影响机制如下。

（1）食品企业社会绩效的提升有直接和间接两个路径，一是依赖于企业内外部可持续供应链管理实践的直接影响；二是在食品安全水平的中介作用下，企业内外部可持续供应链管理实践对社会绩效产生的间接影响。

（2）食品企业环境绩效的提升也有直接和间接两个路径，一是依靠企业内部可持续供应链管理实践来直接带动环境绩效的提升；二是在食品安全水平的中介作用下，企业外部可持续供应链管理实践对环境绩效产生的间接影响。

（3）不同于社会绩效和环境绩效，食品企业经济绩效的提升只有一个间接路径，即在食品安全水平的中介作用下，通过可持续供应链管理实践对食品安全水平的提升作用来间接提高企业的经济绩效。

由此可知，食品企业进行可持续供应链管理对企业环境和社会绩效的改善是显著的，而对经济绩效的提升却没有显著效果。但是，通过食品安全水平的中介作用，食品企业经济绩效会显著提升。由此可以看出，食品企业实施可持续供应链管理，应该避免将短期经济利益作为评价目标，应以食品企业的长远健康发展为目标。食品企业可持续供应链管理通过提升企业的食品安全水平，进而间接实现食品企业的社会、环境、经济绩效的同步提升。

5.6 结论与管理启示

本章实证研究了食品企业可持续供应链管理实践中内部社会责任管理实践、内部环境管理实践、监督评价供应链上下游企业、与供应链上下游企业合作4个维度分别对企业社会绩效、环境绩效和经济绩效的影响，并创新性地探讨了食品安全水平在这些影响过程中的中介作用，探究了食品企业可持续供应链管理实践对食品安全水平的影响，以及食品安全水平对企业绩效的影响，得到以下结论。

（1）食品企业通过实施可持续供应链管理实践，可以有效地带动企业社会、环境和经济绩效的提升。已有研究表明的可持续供应链管理实践对企业绩效的提升作用，在食品行业同样有效。

（2）食品企业加强社会责任管理和环境管理，对企业自身及供应链上下游企业实施可持续供应链管理，能够有效地提升食品安全水平。食品企业实施可持续供应链管理是食品企业主动履行企业主体责任、开展食品安全治理、减少或避免食品安全事件发生的有效手段。

（3）食品安全水平对食品企业的社会、环境和经济绩效具有正向影响。食品安全水平的提升，能够有效地促进企业社会、环境和经济绩效的整体提升，推动食品企业持续健康发展。

（4）食品企业可持续供应链管理实践可以在带动食品企业食品安全水平提升的基础上，促进食品企业绩效的同步提升。食品企业实施可持续供应链管理将面临成本投入高、投资回收期长、经济效益不明显等问题，对此食品企业应清晰地认识到可持续供应链管理对于提升企业食品安全水平和企业核心竞争力的重要作用。食品企业可持续供应链管理有助于通过食品安全水平提升的中介作用实现企业绩效的同步提升，进而有效地促进食品企业的可持续健康发展。

第 6 章
不同规模食品企业可持续供应链管理驱动因素与机制研究

6.1 引言

目前,我国许多大型食品企业已经开始全面实施可持续供应链管理实践。这些食品企业在实现经济绩效的同时,一方面,积极对本企业造成的社会影响负责;另一方面,在产品设计、生产等环节主动建立环境保护管理制度。然而,在大部分中小型食品企业中,可持续供应链管理尚处于起步阶段,由于实施可持续供应链管理面临着成本投入高、经济投资回收期长等问题,因此中小型食品企业对实施可持续供应链管理并不积极主动。本章主要探讨食品企业可持续供应链管理实践的驱动因素与机制,从政府、媒体、行业协会及消费者层面,给出推动不同规模的食品企业实施可持续供应链管理的对策与建议。

食品工业是我国现代工业体系中的首位产业,也是全球第一大食品产业,其在保障民生、拉动内需、带动相关产业和县域经济发展、促进社会和谐稳定等方面作出了巨大贡献。目前,在全国约 1 180 万家获得许可证的食品生产经营企业中,中小型食品企业占 90% 以上。越来越多的食品企业意识到可持续发展的重要性，对于中小型食品企业而言，实施可持续供应链管理最大的顾虑主要来自于人才的缺乏与资金投入的不足，这也是目前中小型食品企业在经营上存在的主要问题。因此，如何促进不同规模的食品企业可持续供应链的分类管理，使外部利益相关方对不同规模的食品企业进行分类，从而驱动中小型食品企业实施可持续供应链管理，是当前亟须解决的问题。

为了积极推进食品安全社会共治格局，构建食品安全多元治理模式，实现政府、企业和社会公众联合起来，共同完成对食品安全的治理工作，本研究从"社会共治"的角度出发，强调发挥社会各主体的责任意识，共同监管食品安全问题。为了推动食品安全共治工作，本章通过建立外部利益相关方视角下不同规模食品企业可持续供应链管理实践驱动因素与策略的模型，研究不同规模食品企业可持续供应链管理实践及食品安全水平的差异性，从而探究不同规模食品企业可持续供应链管理实践的驱动因素与机制，并给出不同利益相关方的驱动策略，这对于我国食品行业可持续发展以及食品安全水平的整体提升具有重要意义。

6.2 概念模型的构建

本章主要研究不同规模食品企业在可持续供应链管理实践和食品安全水平等方面是否存在显著的差异性；然后从外部利益相关方理论的视角出发，在外部利益相关方中选择政府、媒体、行业协会及消费者来分别研究不同外部利益相关方的策略对食品企业可持续供应链管理的驱动因素与机制；在研究利益相关方策略与食品企业可持续供应链管理实践二者之间的关系时，选择企业规模作为调节变量，比较不同的利益相关方策略对大型食品企业和中小型食品企业实施可持续供应链管理实践的驱动差异。

第6章 不同规模食品企业可持续供应链管理驱动因素与机制研究

一般来说，利益相关方涵盖的内容被划分为三个层次：

第一层，泛指全部受企业经营活动影响或影响企业经营活动的自然人和社会团体；

第二层，专指那些与企业有着直接关系的自然人和社会团体；

第三层，特指与企业的利益紧密相关的自然人和社会团体。

从目前对企业利益相关方的研究来看，企业的外部相关者主要包括政府、媒体、行业协会和消费者。这些利益相关方与企业的生存和发展息息相关，对企业战略制定产生一定影响，并对企业进行监督和制约，所以，企业在做经营决策时必须要考虑他们的利益或接受他们的约束。与传统的"股东利益至上"相比较，利益相关方理论重视各利益相关方的参与或投入，认为企业在进行经营管理活动时要综合考虑并均衡各利益相关方的需要，企业寻求的也应当是各利益相关方的整体利益，而不仅仅是某些主体的个别利益。

利益相关方的分类方法有很多种，本研究主要讨论食品企业的外部利益相关方，具体为政府、媒体、行业协会和消费者。其中，政府会采取制定法律法规与监督机制、制定激励措施等方法驱动食品企业实施可持续供应链管理，而媒体会通过监督和宣传来驱动食品企业实施可持续供应链管理；行业协会通过制定食品行业可持续供应链管理标准，从国外引进先进的技术并向国内食品企业推广来驱动食品企业实施可持续供应链管理；对于消费者来说，消费者的监督评价及可持续消费行为都能对食品企业实施可持续供应链管理产生影响。本章研究的理论模型如图6-1所示。

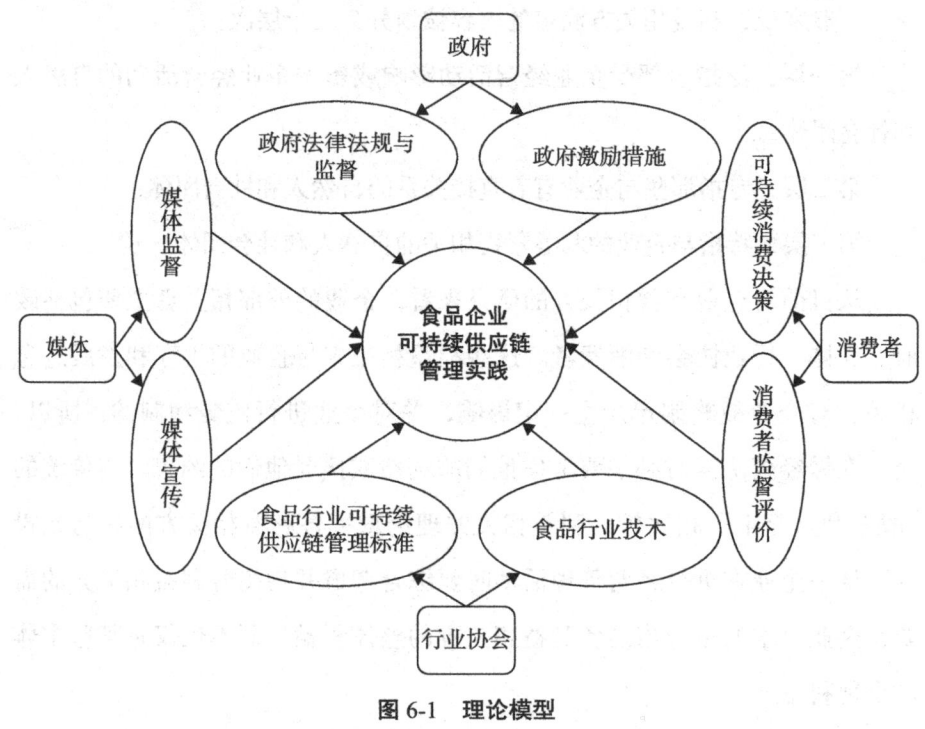

图 6-1 理论模型

6.3 不同规模食品企业可持续供应链管理实践差异性分析

6.3.1 不同规模食品企业可持续供应链管理实践及食品安全水平的差异性

如今，食品企业之间的竞争日益激烈，可持续发展的理念逐渐被越来越多的企业接受。我国食品企业的发展并不平衡，大型食品企业占据着市场的主导地位，中小型食品企业产品的认知度很难提升，这样就使得大型食品企业的产品顾客重复购买率高，因此大型食品企业更会主动选择实施可持续供应链管理实践（Harms 等，2013）。并且，规模较大的企业有一定的基础条件，通常会积极主动地进行环境管理，如设置环境管理部门，对员工进行环保培训等,或者设置专门的环境会计岗位(Lee 等,2014)。企业规模越大,对社会产生的影响越大,企业的社会责任信息披露及社会绩效、政策的现实性评估和实践应用越会引起广泛关注(Akhtar 等,2016)。不同企业对可持续供应链管理的看法不一,对此我们提出如下假设。

H_{11}:不同规模的食品企业内部可持续供应链管理实践存在显著差异。

H_{12}:不同规模的食品企业外部可持续供应链管理实践存在显著差异。

市场中,一些中小型食品企业并没有把食品安全作为企业经营的第一目标,其管理者认为通过最终产品的检测,将不合格的产品筛选出来,就意味着食品安全控制体系运行有效。但实际上,产品的抽样检测具有一定的风险性,而且检测本身也并不能提高产品的质量,只有加强过程控制,才是保障食品安全的唯一途径(Carvalho,2017)。同时,食品安全能否进行有效控制,不仅取决于食品生产加工企业,还涉及原料来源、销售等环节,其中尤以生产企业的原料来源最难控制(Roth 等,2008)。一些中小型食品企业用于加工的原料生产的产业化程度低,大量来源于以家庭为单位的粗放型操作供应商,而非来自集约化生产的原料基地(徐婧婷等,2015)。粗放型原料生产由于生产管理和生产技术相对落后,容易造成原料质量参差不齐、农兽药残留、物理性异物等食品安全问题,从而使中小型食品企业食品安全控制措施的效果受到极大影响(吕晓莲等,2002)。综上,我们提出如下假设。

H_{13}:不同规模的食品企业的食品安全水平存在显著差异。

6.3.2 问卷设计和数据收集

本节研究内容所用的数据来源于第 5 章问卷调查回收的部分数据。

6.3.3 不同规模食品企业的差异性分析

从表 6-1 的方差分析结果可以看出,大型食品企业在可持续供应链管理实践及食品安全水平方面都显著优于中小型食品企业。具体来说，大型食品企业的内部可持续供应链管理实践水平显著高于中小型食品企业（$F=25.183$，$p=0$），这说明相较于中小型食品企业，大型食品企业更加关注企业内部的可持续性，更注重内部的社会责任管理和环境管理；大型食品企业的外部可持续供应链管理实践要显著优于中小型食品企业（$F=27.375$，$p=0$）；大型食品企业的食品安全水平也显著优于中小型食品企业（$F=5.637$，$p=0.018$）。因此，H_{11}、H_{12}、H_{13}成立。

表6-1 不同规模食品企业的方差分析结果

变量名称	企业规模	均值	标准差	F值	显著性（p）
内部可持续供应链管理实践	大型	56.837	0.359	25.183	0
	中小型	50.644	0.355		
外部可持续供应链管理实践	大型	57.955	0.420	27.375	0
	中小型	47.851	0.501		
食品安全水平	大型	24.893	0.805	5.637	0.018
	中小型	21.057	0.758		

通过对不同规模食品企业的方差分析可知，不同规模的食品企业可持续供应链管理的水平不同，总体来说，大型食品企业更加注重供应链整体的可持续性和食品安全水平。企业规模对食品企业可持续供应链管理水平有显著差异，在实证研究中我们发现，大型食品企业更加注重供应链的可持续发展。在公司治理中，大型食品企业的高层管理者会更关注社会责任和环境管理，提高社会责任和环境保护在供应链管理中的地位。同时，大型食品企业与上下游供应链合作伙伴的关系更为紧密，能够促使合作伙伴提供优质原料或服务，让合作伙伴了解并认同自身的经营理念和对于可持续发展的坚持，并对其进行有效的监督与评价，使其能达到社会责任及环境保护等的要求。

中小型食品企业因为资源与技术有限，所以可持续供应链管理水平较低。但这不代表中小型食品企业提升供应链的可持续性是没有意义的，在当今经济社会中，中小型食品企业也不能忽视可持续发展的竞争压力。虽然中小型食品企业实施可持续供应链管理会产生额外的成本，但它对环境绩效和社会绩效的提升会有很大帮助，可以缩小企业规模对企业绩效产生的差距，为中小型食品企业的长远发展创造条件。中小型食品企业关注与供应链上下游合作是初步实施可持续供应链管理的有效办法之一，专注于公司外部可持续实践战略，并与企业现有的战略相联系是中小型食品企业提升可持续供应链管理水平最及时、最有效的方法。

为了进一步探索不同利益相关方（政府、媒体、行业协会、消费者）的管理措施对食品企业实施可持续供应链管理的影响，同时研究不同利益相关方对不同规模食品企业实施可持续供应链管理实践的驱动作用，在接下来的研究中，我们采用分层回归分析方法对多个回归模型进行比较。

6.4　可持续供应链管理驱动因素与驱动机制研究

6.4.1　食品企业可持续供应链管理的政府驱动因素与驱动策略

（1）政府法律法规与监督

党的十九大报告明确提出实施食品安全战略，让人民吃得放心。这是党中央着眼党和国家事业全局，对食品安全工作做出的重大部署，是决胜全面建成小康社会、全面建设社会主义现代化国家的重大任务。2019年5月9日发布的《中共中央 国务院关于深化改革加强食品安全工作的意见》提出，推进国家治理体系和治理能力现代化，推动高质量发展，实施健康中国战略和乡村振兴战略，为解决食品安全问题提供了前所未有的历史机遇。必须深化改革创新，用最严谨的标准、最严格的监管、最严厉的处罚、最严肃的问责，进一步加强食品安全工作，确保人民群众"舌尖上的安全"。

政府管制是食品企业实施和发展可持续供应链管理的重要促进力（Dadhich 等，2015；Borghi 等，2014；Wan 等，2015）。政府管制主要体现在制定相关的法律法规来约束和监督食品企业的行为上，政府对食品企业必须承担的环保和食品安全社会责任以一定的法律法规形式提出，要求企业必须履行，企业若违反相关的法律法规，则会受到一定的处罚（Jiang 等，2013）。政府在对食品企业的食品安全进行日常监督检查的基础上，实行企业食品安全风险分级管理，对一般风险企业实施按比例"双随机"抽查，对高风险企业实施重点检查，对问题线索企业实施飞行检查，督促企业生产过程持续合规，有助于食品企业建立有效的食品安全标准以及可持续供应链管理基本规范（Sawe 等，2014）。政府对企业的监管是企业实施可持续供应链管理的一个重要影响因素（Jones 等，2008）。政策制定者对食品企业责任和可持续发展目标有明确的定位，有具体的计划引导企业实施，这对食品企业实施可持续供应链管理必然有促进作用（Jiang 等，2013）。同时，政府的监管和处罚力度也会对企业能否严格按照环境和社会责任标准进行生产有重要影响（Peršić 等，2015）。

更进一步的，学者们普遍认为相较于大型企业，政府法律法规与监督对中小型企业来说更有警示作用。如 Liston 等（2007）认为，政府和企业之间是以法律为基础、以法规管理为主的政企关系，由于中小型企业的违约成本较低，因此更需要政府运用法律手段规范其经营范围和经营行为，直接对企业进行监督和管理。Gary（2010）认为，相较于大型企业，当政府运用法律手段对企业进行经营行为管理、税收管理、财务金融管理时，对中小型企业的影响更大。研究修订与食品安全相关的法律法规，将有助于中小型食品企业主动实施可持续供应链管理。

基于以上分析，我们提出如下研究假设。

H_{21}：政府法律法规与监督对食品企业可持续供应链管理实践有正向影响。

H_{22}：企业规模在政府法律法规与监督及食品企业可持续供应链管理实

践之间起负向调节作用。与大型食品企业相比，政府法律法规与监督对中小型食品企业的可持续供应链管理的促进作用可能更为显著。

（2）政府激励措施

建立食品企业可持续供应链管理激励体系与机制对提升食品安全水平和食品行业的整体发展水平具有重要意义，是食品安全治理的新思路。政府和行业协会应该充分发挥财税政策的杠杆作用，对实施可持续供应链管理的食品企业给予正向激励，通过低息信贷、债权、税收减免等措施，弥补这些企业在可持续供应链管理实践方面的相关投入；同时在技术研发、人才培养等配套支持政策上同步跟进，使其由竞争劣势者逐步转变为竞争优势者，促进食品可持续供应链管理的全面推广与实施（贺彩虹和周鲜成，2013）。由于可持续供应链管理的投入与产出具有不确定性，同时随着季节的变换，食品市场需求的变动会导致企业的可持续供应链管理投入资金不足（Qiang等，2013），因此政府有必要针对食品企业可持续供应链管理进行资助，使企业有条件去实施内部社会责任管理和环境管理实践，并督促食品企业加强与供应链上下游成员的关系，更有效地实施可持续供应链管理实践。

政府的激励措施是企业实施可持续供应链管理的动力。Yang（2014）认为，为实现可持续发展这一目标，需要政府加强对企业可持续生产、可持续经济发展的干预，激励企业进行可持续供应链管理，相对而言，政府的激励措施对大型企业实施可持续供应链管理更有促进作用。Eichner等（2014）认为，政府可能会侧重对大型企业的新能源开发和利用的投资，并补贴其进行绿色、可持续的发展。由此，我们提出如下假设。

H_{23}：政府激励措施对食品企业可持续供应链管理实践有正向影响。

H_{24}：企业规模在政府激励措施与食品企业可持续供应链管理实践之间起正向调节作用。与中小型食品企业相比，政府激励措施对大型食品企业的可持续供应链管理的促进作用可能更为显著。

6.4.2　食品企业可持续供应链管理的媒体驱动因素与驱动策略

（1）媒体监督

在市场经济条件下，出现食品安全问题的根本原因是由外部性因素和信息不对称导致的市场失灵，这是市场本身无法解决的问题（刘琳，2009）。由于市场、政府在食品安全监管方面各有劣势，因此在政府、不完善的市场和现实社会之间，应建立一种有效的相互协调监督机制，寻求政府、市场和社会在食品安全监督方面的均衡点，建立食品安全监督的互补机制（Yong等，2015）。媒体监督机制所具备的功能可以使三方（政府、市场和社会）在食品安全监督方面取长补短，相互合作。在新媒体高速发展的时代，任何负面新闻，尤其是食品安全的负面信息，都将危害食品企业的形象，媒体会第一时间对食品企业违反社会责任、食品安全与环境保护的行为进行曝光，予以谴责（Yang，2013）。媒体通过建立基于大数据分析的食品安全信息平台，推进大数据、云计算、物联网、人工智能、区块链等技术在食品安全监管领域的应用，实施媒体智慧监管（Yajie等，2015）。食品企业在媒体监督下，会更加注重企业内部社会责任和环境管理，使企业在社会中维持良好的社会形象（Haverkamp等，2005）。例如，2014年某跨国连锁餐饮企业的主要供应商采用过期变质肉为生产原料，这一问题的曝光，不仅使该供应商成为众矢之的，该餐饮企业也因为对供应链中供应商的管理不力，给企业自身的社会形象和品牌声誉带来了极大的伤害，不得不为此采取一系列的弥补措施。

虽然媒体监督对任意一个企业来说，可能都是驱动其实施可持续供应链管理的动力，但相较于中小型食品企业，大型食品企业更关注企业本身及供应链对社会产生的负面影响（Hu，2006）。大型食品企业在开展业务时，会主动考虑其活动的底线及对社会产生的影响，这是企业可持续运营的保障（Iturriaga等，2009）。在媒体的监督管理中，大型食品企业会主动管理供应链上下游企业,使其有效履行环境保护和社会责任,从而促进可持续供应链管理在供应链中的实施(荆树伟等,2017)。由此,我们提出如下假设。

H_{31}:媒体监督对食品企业可持续供应链管理实践有正向影响。

H_{32}:企业规模在媒体监督与食品企业可持续供应链管理实践之间起正向调节作用。与中小型食品企业相比,媒体监督对大型食品企业的可持续供应链管理的促进作用可能更为显著。

(2)媒体宣传

在信息时代背景下,借助新兴媒体,人们关注新闻、接受信息的能力大幅提升,新闻的影响力也日益凸显,因此,企业对新闻宣传工作越发重视,越来越注重企业新闻宣传对企业员工以及企业效益的促进作用(雷晓昕,2016)。媒体对企业的正向宣传是企业维护自我形象、树立威信的重要手段(Shi,2013)。媒体对龙头企业实施可持续供应链管理进行积极宣传,有利于可持续供应链管理实践在食品企业中的普及。并且,媒体对实施可持续供应链管理的企业进行正向宣传,不仅有利于可持续供应链管理在行业中的推广工作,还能够向消费者倡导正向的价值观,提高消费者的可持续消费观念(Kolmer,2015)。例如,蒙牛公司根据与利益相关方的共同目标,连续五年发布可持续发展报告,新华网也对此进行了报道,介绍了蒙牛公司可持续发展工作的现状及未来目标。这些对企业的正向报道,有利于企业塑造良好的品牌形象,提升经济效益,促进企业进一步实施可持续供应链管理的实践工作。

媒体宣传的目的是为了让企业在受众中形成良好的口碑。媒体的作用是告知性的,一个企业如果没有良好的行为和高度的社会责任感,是不会有良好的品牌的(邓新明等,2017)。然而,针对大型企业,新闻媒体可以充分发挥舆论宣传的导向作用,利用反应敏锐的优势对企业的先进管理方法进行报道(杨道广等,2017)。大部分媒体只会针对龙头企业和重点项目的发展建设进行报道,从而在社会上营造良好的氛围(王雨等,2019)。由此,我们提出如下假设。

H_{33}:媒体宣传对食品企业可持续供应链管理实践有正向影响。

H_{34}:企业规模在媒体宣传与食品企业可持续供应链管理实践之间起正向调节作用。与中小型食品企业相比,媒体宣传对大型食品企业的可持续供应链管理的促进作用可能更为显著。

6.4.3 食品企业可持续供应链管理的行业协会驱动因素与驱动策略

(1)食品行业可持续发展标准

在食品工业总产值不断增长的同时,我国食品工业还取得了多个方面的进步。"十二五"期间,约 5 000 家食品工业企业建立并运行了食品诚信管理体系。我国食品行业协会应借鉴和转化国际食品行业的可持续发展标准,加快标准的制定与修订进度,建立企业可持续标准公开承诺制度,完善配套管理制度,鼓励企业制定并实施高于国家标准或地方标准的企业标准(沈岿,2016)。食品行业协会有一套食品行业的可持续发展标准,能够使公众更直观地判定食品企业的可持续发展成果,进而评判食品企业可持续供应链管理实践水平(谢玾等,2017)。在我国发展优质、生态、安全的可持续食品产业,不仅最终要走向标准化,而且核心也在于标准化,标准化是发展可持续食品产业的客观要求(Turza,2014)。

食品行业协会制定可持续发展标准能够给食品企业可持续发展指明路径,节约成本(周会敏等,2015)。面对更低成本的可持续发展战略,更能促进食品企业实施内部社会责任管理和环境管理工作(许正良和刘娜,2008)。另外,食品行业拥有一套可持续发展标准,不仅可以增强发展动力,而且有助于食品企业更好地发展可持续供应链管理实践,在评判自己实践水平的同时,又可以监督供应链上下游企业的管理实践(Turi 等,

2014）。食品行业协会制定详细的食品行业可持续发展标准可以为食品企业与供应链上下游企业搭建沟通的桥梁，使食品供应链企业在一个更加平等的环境下合作，食品企业也可以按照行业标准来监督评价供应链上下游企业（Marylyn Carrigan 等，2017）。

然而，行业协会制定的可持续发展标准受行业龙头企业的影响较大。Vachon 等（2006）认为，过去可持续发展标准的制定都靠行业管理部门，这会使标准与市场存在着很大的脱节。邓彬（2004）认为，让龙头企业作为标准制定的主体，无疑是适应经济发展需要、推进标准化建设的重要举措，能够更好地使食品产业与市场对接。中国食品工业协会在国务院有关部门的指导下，积极与地方政府合作，推进区域性食品工业发展。截至2018 年，全国共计培育龙头食品企业 1 100 多家，大型食品企业 5 822 家，占规模以上企业总数的 14.7%。对于中小型食品企业来说，从龙头企业的可持续发展经营中吸取经验，并运用到自身经营中，能够更有效地提升企业的管理绩效（Dipasquale 等，2006）。因此，我们做出如下假设。

H_{41}：食品行业可持续发展标准对食品企业可持续供应链管理实践有正向影响。

H_{42}：企业规模在食品行业可持续发展标准与食品企业可持续供应链管理实践之间起负向调节作用。与大型食品企业相比，食品行业可持续发展标准的制定对中小型食品企业可持续供应链管理的促进作用可能更为显著。

（2）食品产业技术

食品产业技术的提高旨在提升我国食品供给的质量和效率，打通科技成果转化的通道，推进我国高质量的食品工业产品开发，同时又可以为我国食品行业可持续供应链管理的技术能力打下基础（靖飞和俞立平，2009）。近几年，我国在食品加工重大关键技术和装备领域取得了一批有影响的标志性科研成果，例如，一些食品快速检测技术被广泛应用于食品生产企业的质量控制及食品安全的监管环节（万宇平，2011）。食品工业依托循环经济示范工程，大力推广综合利用的新工艺、新设备，提高食品工业副产品开发利用水平，资源利用效率进一步提高。同时，由于高新技术的应用，食品检测能力不断提高，检测灵敏度越来越高，食品安全检测周期大大缩短（Griffith，2005）。同时，检测仪器向小型化、便携化方向发展，使实时、现场、动态、快速检测逐步成为现实（Lee 等，2015）。食品快速检测技术的发展，对食品企业的食品安全以及生产环境提出了更高的要求。不仅是食品快速检测技术对食品产业的发展有着巨大的推动力，随着市场环境的不断变化，食品可追溯技术也对食品产业产生了巨大的影响（周世生等，2011）。食品追溯可以通过收集前端供应商的产品、主体等信息，为消费者的知情选择提供信息基础（Bosona 等，2013）。因此，食品企业的一举一动都可以摆在消费者眼前，这在一定程度上也督促着食品企业在保障食品安全的前提下，提升自身社会责任管理和环境管理实践能力（Marotta 等，2012）。这些食品产业技术提高了食品企业的违规成本，督促食品企业诚信经营。

国家建立统一的食品追溯平台，制定食用农产品和食品安全追溯标准及规范，完善全程追溯协作机制，有利于促进食品企业可持续供应链管理实践（陈雨萌，2016）。加强全程追溯的示范推广，逐步实现企业信息化追溯体系与政府部门监管平台、重要产品追溯管理平台对接，接受政府监督，互通互享信息，可以驱动食品企业可持续供应链管理的实施（肖静等，2012）。在食品产业技术升级的基础上，大型食品企业会采取适当的措施，优先可持续发展，在保护环境和提高社会责任的同时，不断地降低成本，以使企业获得更高的收益（Beske 等，2014）。我国部分中小型食品企业由于缺乏足够的资金，创业资本和营运资本不足，因此难以实施可持续供应链管理（许建等，2014）。由此，我们做出如下假设。

H_{43}：食品产业技术对食品企业可持续供应链管理实践有正向影响。

H_{44}：企业规模在食品产业技术与食品企业可持续供应链管理实践之间起正向调节作用。与中小型食品企业相比，食品产业技术对大型食品企业可持续供应链管理的促进作用可能更为显著。

6.4.4 食品企业可持续供应链管理的消费者驱动因素与驱动策略

(1) 消费者监督评价

相较于食品企业，消费者明显处于弱势地位。消费者的经济实力以及诉讼能力通常处于劣势，但作为弱势群体，消费者并非无所作为（钱玉文，2017）。在主观能动性上，消费者最具积极性，消费者是食品安全最重要的利益相关方，因此，消费者对食品企业的监督与评价具有天然的利益动力，这种强大的利益诉求促使消费者成为食品安全治理中最积极、最坚定的力量（赵静雯和杨洪林，2015）。同时，在信息的占有上，消费者掌握"一手"经验性信息。消费者通过对食品的购买、消费，能够切实感知到食品的相关信息，因此消费者的监督评价是对食品企业最真实有效的评价（文晓巍和李慧良，2012）。食品企业实施可持续供应链管理实践，消费者有效的监督与评价在一定程度上可以实现对食品企业的制约，促使其规范经营，提供绿色环保的食品（Young等，2010）。消费者可以将存在食品安全问题的食品企业诉至法院，使其承担经济及相关损失；同时可以向政府监管部门举报，使食品企业受到处罚；消费者还可以向新闻媒体及消费者协会举报，使食品企业面临社会舆论的压力（Tang等，2014）。

企业与消费者之间的关系就像人与人之间的关系，由于大型食品企业的产品影响较广，因此消费者更需要去了解并关注它们（郭跃进等，2014）。对于自身存在的问题，企业可能不会及时发现，但是消费者作为切身体验者会很容易发现产品和企业经营行为的不足（Young等，2010）。当消费者提出问题时，大型食品企业会容易接受意见，处理好与消费者之间的关系，对不足之处进行改进，这也可以不断促进食品企业实施可持续供应链管理实践（杨秋玲等，2017）。因此，我们做出如下假设。

H_{51}：消费者监督评价对食品企业可持续供应链管理内部实践有正向影响。

H_{52}：企业规模在消费者监督评价与食品企业可持续供应链管理实践之间起正向调节作用。与中小型食品企业相比，消费者监督评价对大型食品企业的可持续供应链管理的促进作用可能更为显著。

（2）可持续消费决策

所谓可持续消费，是指以简朴和健康的生活为目标，在物质消费中偏爱"可持续产品"的消费方式。它是现代消费生活的一种新趋势，区别于物质第一主义的过度消费，是俭朴生活的一种表现（Seyfang，2008）。消费者是食品企业重要的利益相关方之一，却往往也是相对弱势的，很难掌握有关食品企业产品和服务的完整信息（钱玉文，2017）。消费者积极参加食品企业组织的活动，如参观食品企业的加工流水线等，了解企业的生产运营情况及可持续供应链管理的实践情况，针对新产品、包装、流通等提出需求信息，有助于促进食品企业实施内部社会责任管理和环境管理实践，为食品企业的可持续发展战略提出建议（杨秋玲等，2017）。

生产决定消费，消费反作用于生产。这是经济学中重要的经济规律，也是指导经济发展进步的准则（Warde，1992）。消费者形成可持续消费观念可以间接地影响企业的生产活动，以及大型食品企业的经营行为（贺爱忠和洪礼敏，2017）。消费者的可持续消费决策能够促进大型食品企业对整个供应链可持续发展的监督与评价工作，而食品供应链中大型企业也能够为满足消费者的可持续消费需求加强合作，提高供应链的可持续水平（贺彩虹和周鲜成，2013）。因此，我们做出如下假设。

H_{53}：可持续消费决策对食品企业可持续供应链管理实践有正向影响。

H_{54}：企业规模在可持续消费决策与食品企业可持续供应链管理实践之间起正向调节作用。与中小型食品企业相比，可持续消费决策对大型食品企业的可持续供应链管理的促进作用可能更为显著。

6.4.5 研究假设的汇总

研究假设的汇总如表 6-2 所示。

表 6-2 研究假设的汇总

序号	假设内容
\multicolumn{2}{食品企业可持续供应链管理的政府驱动因素与驱动策略}
H_{21}	政府法律法规与监督对食品企业可持续供应链管理实践有正向影响
H_{22}	企业规模在政府法律法规与监督及食品企业可持续供应链管理实践之间起负向调节作用。与大型食品企业相比，政府法律法规与监督对中小型食品企业的可持续供应链管理的促进作用可能更为显著
H_{23}	政府激励措施对食品企业可持续供应链管理实践有正向影响
H_{24}	企业规模在政府激励措施与食品企业可持续供应链管理实践之间起正向调节作用。与中小型食品企业相比，政府激励措施对大型食品企业的可持续供应链管理的促进作用可能更为显著
食品企业可持续供应链管理的媒体驱动因素与驱动策略	
H_{31}	媒体监督对食品企业可持续供应链管理实践有正向影响
H_{32}	企业规模在媒体监督与食品企业可持续供应链管理实践之间起正向调节作用。与中小型食品企业相比，媒体监督对大型食品企业的可持续供应链管理的促进作用可能更为显著
H_{33}	媒体宣传对食品企业可持续供应链管理实践有正向影响
H_{34}	企业规模在媒体宣传与食品企业可持续供应链管理实践之间起正向调节作用。与中小型食品企业相比，媒体宣传对大型食品企业的可持续供应链管理的促进作用可能更为显著
食品企业可持续供应链管理的行业协会驱动因素与驱动策略	
H_{41}	食品行业可持续发展标准对食品企业可持续供应链管理实践有正向影响
H_{42}	企业规模在食品行业可持续发展标准与食品企业可持续供应链管理实践之间起负向调节作用。与大型食品企业相比，食品行业可持续发展标准的制定对中小型食品企业的可持续供应链管理的促进作用可能更为显著
H_{43}	食品产业技术对食品企业可持续供应链管理实践有正向影响
H_{44}	企业规模在食品产业技术与食品企业可持续供应链管理实践之间起正向调节作用。与中小型食品企业相比，食品产业技术对大型食品企业的可持续供应链管理的促进作用可能更为显著
食品企业可持续供应链管理的消费者驱动因素与驱动策略	
H_{51}	消费者监督评价对食品企业可持续供应链管理内部实践有正向影响

（续表）

序号	假设内容
食品企业可持续供应链管理的消费者驱动因素与驱动策略	
H_{52}	企业规模在消费者监督评价与食品企业可持续供应链管理实践之间起正向调节作用。与中小型食品企业相比，消费者监督评价对大型食品企业的可持续供应链管理的促进作用可能更为显著
H_{53}	可持续消费决策对食品企业可持续供应链管理实践有正向影响
H_{54}	企业规模在可持续消费决策与食品企业可持续供应链管理实践之间起正向调节作用。与中小型食品企业相比，可持续消费决策对大型食品企业的可持续供应链管理的促进作用可能更为显著

6.4.6 量表的设计

根据以往文献研究，同时结合中国食品企业的特点，本研究设计了食品企业可持续供应链管理外部利益相关方驱动因素与策略理论模型中概念的测量。

政府驱动因素与策略作为一个二阶变量，主要包含政府法律法规与监督、政府激励措施，结合 Calantone 等（2002）的相关研究，本研究最终确定分别采用 5 个指标测量政府法律法规与监督，4 个指标测量政府激励措施。受访者根据问卷的问题进行同意程度打分，运用 7 级李克特量表，1 分表示"非常不同意"，7 分表示"非常同意"。

媒体驱动因素与策略作为一个二阶变量，主要包含媒体监督以及媒体宣传。结合 Carter 和 Tse 等（2002）的相关研究，本研究最终确定分别采用 5 个指标测量媒体监督，4 个指标测量媒体宣传。受访者根据问卷的问题进行同意程度打分，运用 7 级李克特量表，1 分表示"非常不同意"，7 分表示"非常同意"。

行业协会驱动因素与策略作为一个二阶变量，主要包括食品行业可持续发展标准、食品产业技术两个方面。结合 Akkerman 和 Wognum 等（2010）的相关研究，本研究最终确定分别采用 6 个指标来测量食品行业可持续发展标准，5个指标测量食品产业技术。受访者根据问卷的问题进行同意程度打分，运用7级李克特量表，1分表示"非常不同意"，7分表示"非常同意"。

消费者驱动因素与策略作为一个二阶变量，主要包括消费者监督评价、可持续消费决策两个方面。结合 Akkerman 和 Wognum 等（2010）的相关研究，本研究最终确定分别采用5个指标来测量可持续消费决策，5个指标测量消费者监督评价。受访者根据问卷的问题进行同意程度打分，运用7级李克特量表，1分表示"非常不同意"，7分表示"非常同意"。

6.4.7 样本和数据收集

本节研究内容所用的数据来源于第5章问卷调查回收的部分数据，以及本节关于食品企业外部利益相关方驱动策略测量的数据，其问卷设计与数据收集方法介绍详见5.4，问卷详见附录2。

6.4.8 测量模型

本节采用多层回归模型进行数据分析，在偏最小二乘法中，量表的测量先要考虑效度和信度的问题，本研究采用C.R值和克仑巴赫信度系数来分析测量量表信度。如表6-3所示，研究变量的C.R值在0.7867到0.9261之间，克仑巴赫信度系数在0.7044到0.9098之间，均大于文献中建议的临界值0.70，说明所用量表具有很好的信度水平。

表6-3 测量模型估计结果

指标	载荷	T值	C.R值	平均方差提取值	克仑巴赫信度系数
C11 政府法律法规与监督					
C111	0.7221	17.5142			
C112	0.7857	9.4731			
C113	0.7573	19.4461	0.8347	0.6237	0.7697
C114	0.7805	14.1206			
C115	0.7490	13.7661			

（续表）

指标	载荷	T值	C.R值	平均方差提取值	克仑巴赫信度系数
C12 政府激励措施					
C121	0.7722	14.4855	0.7867	0.6287	0.741
C122	0.7008	16.2938			
C123	0.7286	17.7364			
C124	0.7681	20.5353			
C21 媒体监督					
C211	0.8377	39.8347	0.8113	0.7967	0.7044
C212	0.7981	42.1813			
C213	0.7509	15.4102			
C214	0.7252	25.7066			
C215	0.7322	3.7564			
C22 媒体宣传					
C221	0.7268	24.1564	0.8459	0.6281	0.7823
C222	0.7730	11.8839			
C223	0.7221	14.7834			
C224	0.7580	14.4855			
C31 食品行业可持续发展标准					
C311	0.7551	12.0219	0.8932	0.6649	0.8635
C312	0.7198	24.7193			
C313	0.7160	17.6232			
C314	0.7060	20.8541			
C315	0.7935	34.2002			
C316	0.7847	33.0074			
C32 食品产业技术					
C321	0.7729	13.1839	0.7905	0.5593	0.7985
C322	0.8403	42.9273			
C323	0.7204	19.2675			
C324	0.8012	30.1458			
C325	0.8025	36.2748			

(续表)

指标	载荷	T值	C.R值	平均方差提取值	克仑巴赫信度系数
C41 可持续消费决策					
C411	0.7528	25.1842			
C412	0.8264	34.9194			
C413	0.7941	31.3475	0.9261	0.7985	0.9098
C414	0.8181	29.2126			
C415	0.7509	26.0963			
C42 消费者监督评价					
C421	0.7417	9.9467			
C422	0.7618	24.8089			
C423	0.7195	25.6048	0.8543	0.6485	0.7943
C424	0.7319	29.2917			
C425	0.7746	30.1319			

效度是通过收敛效度和判别效度进行验证的。其中，因子载荷和平均提取方差可用来评价收敛效度，一般要求因子载荷大于0.70并在0.01的水平下显著，表明测量具有较好的收敛效度。如表6-3所示，所有指标的因子载荷都大于0.70并在0.01的水平下显著，而且平均方差提取值也大于建议的临界值0.50，这说明本研究的测量具有非常好的收敛效度。

6.4.9 分层回归检验

分层回归分析突出了层级的作用，在预测因变量（Y）时，自变量（X）之间本身有一定程度的相关性，一个变量进入方程，与之相关的自变量可能会因为解释不够而从回归方程中被剔除，对此可以通过两个模型所解释的变异量的差异来比较所建立的两个模型。一个模型解释了越多的变异，则它对数据的拟合就越好。两个模型所解释的变异量之间的差异可以用统计显著性来估计和检验。

按照检验调节效应的程序：（1）做Y对X和M（调节变量）的回归，

得测定系数 R12；（2）做 Y 对 X、M 和 XM 的回归，得测定系数 R22，若 R22 显著高于 R12，则调节效应显著。或者，做 XM 的回归系数检验，若系数 c 显著，则说明调节效应显著。当自变量是连续变量时，调节变量是类别变量，做分组回归分析：按 M 的取值分组，做 Y 对 X 的回归，若回归系数的差异显著，则调节效应显著。调节变量是连续变量时，同上做 $Y=aX+bM+cXM+e$ 的分层回归分析。并且，在做调节效应分析时，为减少变量之间过强的共线性，通常先将自变量与调节变量做中心化变换后再相乘。

(1) 政府驱动策略的分层回归分析

为分析政府不同策略与食品企业可持续供应链管理实践之间的关系，并讨论企业规模的调节效应，本研究将食品企业的经营年限及所有权作为控制变量引入回归方程，回归分析结果显示（见表 6-4 中的模型 1），食品企业的经营年限及所有权均对食品企业可持续供应链管理实践有显著或较显著的影响，且模型 1 的 F 值显著，调整 R^2 值为 0.077，说明控制变量可分别解释食品企业可持续供应链管理实践 7.7% 的变异。

模型 2 将自变量政府策略引入回归方程，进行政府策略对食品企业可持续供应链管理实践变量的回归分析，结果显示（见表 6-4 中的模型 2），政府策略中的法律法规与监督对食品企业可持续供应链管理实践有较显著的正向影响（$\beta=0.196$，$p<0.05$），即政府法律法规与监督可以促进食品企业实施可持续供应链管理实践；政府策略中的政府激励措施对食品企业可持续供应链管理实践有显著的正向影响（$\beta=0.124$，$p<0.05$），说明政府对食品企业开展适当的激励措施可以促使食品企业实施可持续供应链管理实践。模型 2 相比于模型 1，R^2 增加 0.181，说明政府策略可解释食品企业可持续供应链管理实践 17.1% 的变异。由此，本研究 H_{21}、H_{23} 得以验证。然后，模型 3、模型 4 在模型 2 的基础上，将调节变量企业规模引入回归方程，由于企业规模是类别变量，因此我们将类别型的变量转换成虚拟变量，其中大型企业 =1，中小型企业 =0。回归结果显示（见表 6-4 中的模型 3），企业

规模对食品企业可持续供应链管理实践有显著影响（β=0.158，$p<0.001$），且模型3相对于模型2的 R^2 有显著改变（ΔR^2=0.083）。最后，模型4将"政府法律法规与监督 × 企业规模"以及"政府激励措施 × 企业规模"这两个交互项引入回归方程。回归结果显示（见表6-4中的模型4），"政府法律法规与监督 × 企业规模"对食品企业可持续供应链管理有显著负向影响（β=-0.118，$p<0.05$），而"政府法律激励措施 × 企业规模"对食品企业可持续供应链管理有显著正向影响（β=0.186，$p<0.05$），且模型4相对于模型3的 R^2 有显著改变（ΔR^2=0.029）。结合模型3和模型4可以看出，政府策略中的法律法规与监督对中小型食品企业实施可持续供应链管理的促进作用大于大型食品企业，但政府激励措施对大型食品企业实施可持续供应链管理的促进作用大于中小型食品企业，因此企业规模正向调节了政府激励措施与食品企业可持续供应链管理之间的关系，负向调节了政府法律法规与监督对食品企业可持续供应链管理之间的影响关系。由此可见，H_{22}、H_{24} 成立。

表6-4 企业规模在政府不同策略与食品企业可持续供应链管理实践之间的分层回归

变量	食品企业可持续供应链管理实践			
	模型1	模型2	模型3	模型4
经营年限	0.110*	0.062	0.050	0.058
所有权	0.093+	0.048	0.045	0.046
政府法律法规与监督		0.196*	0.163*	0.149*
政府激励措施		0.124*	0.105*	0.091+
企业规模 [a]（大型企业 =1）			0.158***	0.113***
政府法律法规与监督 × 企业规模				-0.118*
政府激励措施 × 企业规模				0.186*
R^2	0.093	0.274	0.357	0.386
调整 R^2	0.077	0.248	0.320	0.358
F 值	3.230***	8.483***	12.354***	14.784***

注：+表示 $p<0.1$，* 表示 $p<0.05$，** 表示 $p<0.01$，*** 表示 $p<0.001$；a 表示类别型的变量转换成了虚拟变量，其中大型企业 =1，中小型企业 =0。

（2）媒体驱动策略的分层回归分析

为分析媒体不同策略与食品企业可持续供应链管理实践之间的关系，并讨论企业规模的调节效应，本研究将食品企业的规模、经营年限及所有权作为控制变量引入回归方程，回归分析结果显示（见表6-5中的模型1），食品企业的企业规模、经营年限及所有权均对食品企业可持续供应链管理实践有显著或较显著的影响，且模型1的 F 值显著，调整 R^2 值为0.077，说明控制变量可分别解释食品企业可持续供应链管理实践7.7%的变异。

模型2将自变量媒体策略引入回归方程，进行媒体策略对食品企业可持续供应链管理实践变量的回归分析，结果显示（见表6-5中的模型2），媒体策略中的媒体监督对食品企业可持续供应链管理实践有较显著的正向影响（$\beta=0.134$，$p<0.05$），即媒体监督可以促进食品企业实施可持续供应链管理实践工作；媒体策略中的媒体宣传对食品企业可持续供应链管理实践有显著的正向影响（$\beta=0.141$，$p<0.05$），说明媒体对开展了可持续供应链管理的食品企业进行积极宣传可以促进更多的食品企业实施可持续供应链管理实践。模型2相比于模型1，R^2 增加0.128，说明媒体策略可解释食品企业可持续供应链管理实践12.8%的变异。由此，本研究 H_{31}、H_{33} 得以验证。然后，模型3、模型4在模型2的基础上，将调节变量企业规模引入回归方程，由于企业规模是类别变量，因此我们将类别型的变量转换成虚拟变量，其中大型企业=1，中小型企业=0。回归结果显示（见表6-5中的模型3），企业规模对食品企业可持续供应链管理实践有显著影响（$\beta=0.137$，$p<0.05$），且模型3相对于模型2的 R^2 有显著改变（$\Delta R^2=0.082$）。最后，模型4将"媒体监督×企业规模"及"媒体宣传×企业规模"这两个交互项引入回归方程。回归结果显示（见表6-5中的模型4），"媒体监督×企业规模"对食品企业可持续供应链管理有显著负向影响（$\beta=-0.161$，$p<0.05$），"媒体宣传×企业规模"对食品企业可持续供应链管理有显著正向影响（$\beta=0.095$，$p<0.1$），且模型4相对于模型3的 R^2 有显著改变（$\Delta R^2=0.019$）。

结合模型 3 和模型 4 可以看出，媒体策略中的媒体监督与媒体宣传对大型企业实施可持续供应链管理的作用大于对中小型企业的作用，因此企业规模正向调节了媒体监督与媒体宣传对食品企业可持续供应链管理之间的影响关系。由此可见，H_{32}、H_{34} 成立。

表 6-5　企业规模在媒体不同策略与食品企业可持续供应链管理实践之间的分层回归

变量	食品企业可持续供应链管理实践			
	模型 1	模型 2	模型 3	模型 4
经营年限	0.110*	0.079	0.069	0.094+
所有权	0.093+	0.069	0.053	0.062
媒体监督		0.134*	0.109*	0.099+
媒体宣传		0.141*	0.125*	0.112*
企业规模 ^{a}（大型企业 =1）			0.137*	0.115*
媒体监督 × 企业规模				−0.161*
媒体宣传 × 企业规模				0.095+
R^2	0.093	0.221	0.303	0.322
调整 R^2	0.077	0.204	0.280	0.315
F 值	3.230**	9.257***	11.178***	15.858***

注：+ 表示 $p<0.1$，* 表示 $p<0.05$，** 表示 $p<0.01$，*** 表示 $p<0.001$；a 表示类别型的变量转换成了虚拟变量，其中大型企业 =1，中小型企业 =0。

（3）行业协会驱动策略的分层回归分析

为分析行业协会的不同策略与食品企业可持续供应链管理实践之间的关系，并讨论企业规模的调节效应，本研究将食品企业的规模、经营年限及所有权作为控制变量引入回归方程，回归分析结果显示（见表 6-6 中的模型 1），食品企业的企业规模、经营年限及所有权均对食品企业可持续供应链管理实践有显著或较显著的影响，且模型 1 的 F 值显著，调整 R^2 值为 0.077，说明控制变量可分别解释食品企业可持续供应链管理实践 7.7% 的变异。

模型 2 将自变量行业协会策略引入回归方程，进行行业协会策略对食品企业可持续供应链管理实践变量的回归分析，结果显示（见表 6-6 中的模型 2），行业协会策略中的食品行业可持续发展标准对食品企业可持续供应链管理实践有较显著的正向影响（$\beta=0.187$，$p<0.05$），即食品行业可持续发展标准可以促进食品企业实施可持续供应链管理实践工作；行业协会策略中的食品产业技术对食品企业可持续供应链管理实践有显著的正向影响（$\beta=0.156$，$p<0.05$），说明食品行业协会引进先进的绿色技术并推广可以促进食品企业实施可持续供应链管理实践工作。模型 2 相比于模型 1，R^2 增加 0.178，说明行业协会策略可解释食品企业可持续供应链管理实践 17.8% 的变异。由此，本研究 H_{41}、H_{43} 得以验证。然后，模型 3、模型 4 在模型 2 的基础上，将调节变量企业规模引入回归方程，由于企业规模是类别变量，因此我们将类别型的变量转换成虚拟变量，其中大型企业 =1，中小型企业 =0。回归结果显示（见表 6-6 中的模型 3），企业规模对食品企业可持续供应链管理实践有显著影响（$\beta=0.174$，$p>0.01$），且模型 3 相对于模型 2 的 R^2 有显著改变（$\Delta R^2=0.049$）。最后，模型 4 将"食品行业可持续发展标准 × 企业规模"及"食品产业技术 × 企业规模"这两个交互项引入回归方程。"食品行业可持续发展标准 × 企业规模"对食品企业可持续供应链管理有显著正向影响（$\beta=0.158$，$p<0.05$），"食品产业技术 × 企业规模"对食品企业可持续供应链管理有显著正向影响（$\beta=0.171$，$p<0.05$），且模型 4 相对于模型 3 的 R^2 有显著改变（$\Delta R^2=0.031$）。结合模型 3 和模型 4 可以看出，行业协会策略中的食品行业可持续发展标准与食品产业技术对大型企业实施可持续供应链管理的作用大于对中小型企业的作用，因此企业规模正向调节了食品行业可持续发展标准与食品产业技术对食品企业可持续供应链管理之间的影响关系。由此可见，H_{42}、H_{44} 成立。

表 6-6　企业规模在行业协会不同策略与食品企业可持续供应链管理实践之间的分层回归

变量	食品企业可持续供应链管理实践			
	模型 1	模型 2	模型 3	模型 4
经营年限	0.110*	0.076	0.072	0.075

（续表）

变量	食品企业可持续供应链管理实践			
	模型1	模型2	模型3	模型4
所有权	0.093⁺	0.074	0.062	0.069
食品行业可持续发展标准		0.187*	0.179*	0.159*
食品产业技术		0.156*	0.136*	0.121*
企业规模ᵃ（大型企业=1）			0.174*	0.134*
食品行业可持续发展标准 × 企业规模				0.158*
食品产业技术 × 企业规模				0.171*
R^2	0.093	0.271	0.320	0.351
调整 R^2	0.077	0.258	0.312	0.325
F值	5.134**	11.214***	13.161***	16.648***

注：+表示$p<0.1$，*表示$p<0.05$，**表示$p<0.01$，***表示$p<0.001$；a表示类别型的变量转换成了虚拟变量，其中大型企业=1，中小型企业=0。

（4）消费者驱动策略的分层回归分析

为分析消费者的不同策略与食品企业可持续供应链管理实践之间的关系，并讨论企业规模的调节效应，本研究将食品企业的规模、经营年限及所有权作为控制变量引入回归方程，回归分析结果显示（见表6-7中的模型1），食品企业的企业规模、经营年限及所有权均对食品企业可持续供应链管理实践有显著或较显著的影响，且模型1的F值显著，调整R^2值为0.077，说明控制变量可分别解释食品企业可持续供应链管理实践7.7%的变异。

模型2将自变量消费者策略引入回归方程，进行消费者策略对食品企业可持续供应链管理实践变量的回归分析，结果显示（见表6-7中的模型2），消费者策略中的可持续消费决策对食品企业可持续供应链管理实践有较显著的正向影响（$\beta=0.137$，$p<0.05$），即可持续消费决策可以促进食品企业实施可持续供应链管理实践工作；消费者策略中的消费者监督评价对食品企业可持续供应链管理实践有显著的正向影响（$\beta=0.114$，$p<0.05$），说明消费者监督评价可以促进食品企业实施可持续供应链管理实践工作。模型2

相比于模型 1，R^2 增加 0.102，说明消费者策略可解释食品企业可持续供应链管理实践 10.2% 的变异。由此，本研究 H_{51}、H_{53} 得以验证。然后，模型 3、模型 4 在模型 2 的基础上，将调节变量企业规模引入回归方程，由于企业规模是类别变量，因此我们将类别型的变量转换成了虚拟变量，其中大型企业 =1，中小型企业 =0。回归结果显示（见表 6-7 中的模型 3），企业规模对食品企业可持续供应链管理实践有显著影响（β=0.110，p>0.01），且模型 3 相对于模型 2 的 R^2 有显著改变（ΔR^2=0.030）。最后，模型 4 将"消费者监督评价 × 企业规模"及"可持续消费决策 × 企业规模"这两个交互项引入回归方程。回归结果显示（见表 6-7 中的模型 4），"消费者监督评价 × 企业规模"对食品企业可持续供应链管理有显著正向影响（β=0.111，p<0.05），而"可持续消费决策 × 企业规模"对食品企业可持续供应链管理没有显著影响（β=0.042），且模型 4 相对于模型 3 的 R^2 有显著改变（ΔR^2=0.029）。结合模型 3 和模型 4 可以看出，消费者策略中的消费者监督评价对大型企业实施可持续供应链管理的促进作用大于对中小型企业的作用，但可持续消费决策对不同规模的食品企业实施可持续供应链管理没有调节作用，企业规模正向调节了消费者监督评价与食品企业可持续供应链管理之间的关系。因此，H_{52} 成立，H_{54} 不成立。

表 6-7　企业规模在消费者不同策略与食品企业可持续供应链管理实践之间的分层回归

变量	食品企业可持续供应链管理实践			
	模型 1	模型 2	模型 3	模型 4
经营年限	0.110*	0.070	0.058	0.075
所有权	0.093+	0.062	0.049	0.069
消费者监督评价		0.114*	0.106*	0.091*
可持续消费决策		0.137*	0.119*	0.109*
企业规模 [a]（大型企业 =1）			0.110*	0.098+
消费者监督评价 × 企业规模				0.111*
可持续消费决策 × 企业规模				0.042
R^2	0.093	0.195	0.225	0.254

（续表）

变量	食品企业可持续供应链管理实践			
	模型1	模型2	模型3	模型4
调整 R^2	0.077	0.178	0.192	0.220
F 值	3.230**	8.257***	10.178***	9.858***

注：+ 表示 $p<0.1$，* 表示 $p<0.05$，** 表示 $p<0.01$，*** 表示 $p<0.001$；a 表示类别型的变量转换成了虚拟变量，其中大型企业 =1，中小型企业 =0。

6.5 假设检验的结果汇总

上述假设的检验结果汇总如表6-8所示。

表6-8 检验结果汇总

序号	假设内容	检验结果
	不同规模的食品企业可持续供应链管理实施及食品安全水平的差异性	
H_{11}	不同规模的食品企业内部可持续供应链管理实践存在显著差异	接受
H_{12}	不同规模的食品企业外部可持续供应链管理实践存在显著差异	接受
H_{13}	不同规模的食品企业的食品安全水平存在显著差异	接受
	食品企业可持续供应链管理的政府驱动因素与驱动策略	
H_{21}	政府法律法规与监督对食品企业可持续供应链管理实践有正向影响	接受
H_{22}	企业规模在政府法律法规与监督及食品企业可持续供应链管理实践之间起负向调节作用。与大型食品企业相比，政府法律法规与监督对中小型食品企业的可持续供应链管理的促进作用可能更为显著	接受
H_{23}	政府激励措施对食品企业可持续供应链管理实践有正向影响	接受
H_{24}	企业规模在政府激励措施与食品企业可持续供应链管理实践之间起正向调节作用。与中小型食品企业相比，政府激励措施对大型食品企业的可持续供应链管理的促进作用可能更为显著	接受
	食品企业可持续供应链管理的媒体驱动因素与驱动策略	
H_{31}	媒体监督对食品企业可持续供应链管理实践有正向影响	接受
H_{32}	企业规模在媒体监督与食品企业可持续供应链管理实践之间起正向调节作用。与中小型食品企业相比，媒体监督对大型食品企业的可持续供应链管理的促进作用可能更为显著	接受

（续表）

序号	假设内容	检验结果
\multicolumn{3}{c}{食品企业可持续供应链管理的媒体驱动因素与驱动策略}		
H_{33}	媒体宣传对食品企业可持续供应链管理实践有正向影响	接受
H_{34}	企业规模在媒体宣传与食品企业可持续供应链管理实践之间起正向调节作用。与中小型食品企业相比，媒体宣传对大型食品企业的可持续供应链管理的促进作用可能更为显著	接受
\multicolumn{3}{c}{食品企业可持续供应链管理的行业协会驱动因素与驱动策略}		
H_{41}	食品行业可持续发展标准对食品企业可持续供应链管理实践有正向影响	接受
H_{42}	企业规模在食品行业可持续发展标准与食品企业可持续供应链管理实践之间起负向调节作用。与大型食品企业相比，食品行业可持续发展标准的制定对中小型食品企业的可持续供应链管理的促进作用可能更为显著	接受
H_{43}	食品产业技术对食品企业可持续供应链管理实践有正向影响	接受
H_{44}	企业规模在食品产业技术与食品企业可持续供应链管理实践之间起正向调节作用。与中小型食品企业相比，食品产业技术对大型食品企业的可持续供应链管理的促进作用可能更为显著	接受
\multicolumn{3}{c}{食品企业可持续供应链管理的消费者驱动因素与驱动策略}		
H_{51}	消费者监督评价对食品企业可持续供应链管理内部实践有正向影响	接受
H_{52}	企业规模在消费者监督评价与食品企业可持续供应链管理实践之间起正向调节作用。与中小型食品企业相比，消费者监督评价对大型食品企业的可持续供应链管理的促进作用可能更为显著	接受
H_{53}	可持续消费决策对食品企业可持续供应链管理实践有正向影响	接受
H_{54}	企业规模在可持续消费决策与食品企业可持续供应链管理实践之间起正向调节作用。与中小型食品企业相比，可持续消费决策对大型食品企业的可持续供应链管理的促进作用可能更为显著	拒绝

6.6 分析与讨论

6.6.1 不同规模食品企业可持续供应链管理实践及其效果的差异性

企业规模对食品企业可持续供应链管理水平的影响有显著差异。在实证研究中，我们发现大型食品企业更加注重供应链的可持续发展；在公司治理中，大型食品企业的高层管理者会更关注社会责任管理和环境管理的重要性，从而提高社会责任和环境保护在供应链管理中的地位。同时，大型食品企业与上下游供应链合作伙伴的关系更为紧密，能够促使合作伙伴提供优质原料或服务，让合作伙伴了解并认同自身经营理念和对于可持续发展的坚持，并对其进行有效的监督与评价，使其能达到社会责任及环境保护等要求（Liston 等，2007；Harms 等，2013）。

中小型食品企业由于资源与技术有限，因此可持续供应链管理水平较低，但这不代表中小型食品企业提升供应链的可持续性是没有意义的。在当今经济社会中，中小型食品企业也不能忽视可持续发展的竞争压力，虽然中小型食品企业实施可持续供应链管理会产生额外的成本，但它对环境绩效和社会绩效的提升会有很大帮助，可以缩小企业规模对企业绩效产生的差距，为中小型食品企业长远发展创造条件。中小型食品企业关注与供应链上下游合作是初步实施可持续供应链管理的有效办法之一，因此中小型食品企业专注于公司外部可持续实践战略，并与企业现有的战略相联系，是中小型食品企业提升可持续供应链管理水平最及时、最有效的方法（Akhtar 等，2016）。

6.6.2 外部利益相关方视角下不同规模食品企业可持续供应链管理的驱动策略

（1）食品企业实施可持续供应链管理的政府驱动策略

无论是中小型食品企业还是大型食品企业，政府对企业可持续发展制定相应的法律法规并对其进行有效监督管理，均有利于食品企业更好地适应可持续供应链管理。但是，政府的监督对中小型食品企业可持续供应链管理的促进作用更为显著，原因可能在于，中小型食品企业作为社会经济活动中较广大且活跃的生产经营群体，其社会经济作用与公共财政职能有着极强的关联性和互动性。

无论是大型食品企业还是中小型食品企业，政府建立一套系统且完善的支持食品企业发展的可持续供应链管理实践理念，有利于食品企业更好地适应可持续供应链管理实践。通常来看，政府的激励措施对大型食品企业可持续供应链管理的促进作用更为显著。

可持续供应链管理的实践与理论在我国食品行业还未全面普及和实施，因此，我国相关政府管理部门应积极建立健全食品企业可持续供应链管理的实施标准和相对应的法律法规，从法律上对违反食品安全环境与社会责任的主体等予以规定。在法律责任上，应加大处罚力度，设连带责任，制定惩罚性赔偿制度，尤其要提高中小型食品企业的违约成本。因此，政府在制定食品企业可持续供应链管理法律法规时，应注重中小型食品企业现状和现有资源。中小型食品企业应遵守环境保护和社会责任方面的政策及法律法规，并依据管理标准体系和规范的行为准则进行有效管理，提升供应链成员的整体效益（Gary，2010）。同时，食品企业实施可持续供应链管理对于食品安全水平提升具有重要意义，相关政府部门应该充分发挥财税政策的杠杆作用，对实施可持续供应链管理的食品企业给予正向激励，尤其对于大型食品企业来说，政府可以通过可持续供应链管理实施效果评价，遴选一部分示范企业给予表彰和奖励，充分调动不同类型、不同规模的食品企业可持续供应链管理实践探索与实施的积极性。

政府应完善食品安全方面的法律法规，加大执法力度，加重对社会责任缺失的中小型食品企业的惩罚力度，促使中小型食品企业重视可持续供应链管理，帮助有条件的中小型食品企业建立可持续供应链管理体系。为了加强源头监管、全程监管，2015年修订的《食品安全法》规定，对明知从事无证生产经营或者从事非法添加非食用物质等违法行为，仍然为其提供生产经营场所的，责任方也要受到处罚。这次修订强化了民事法律责任的追究，综合运用民事、行政、刑事等手段，对我国食品企业构建严格的法律责任体系增设了消费者赔偿首负责任制，完善了惩罚性的赔偿制度，并且加强了社会举报制度，对乱排乱放的中小型食品企业提出了具体的惩罚措施。

（2）食品企业实施可持续供应链管理的媒体驱动策略

无论是大型食品企业还是中小型食品企业，媒体对食品企业经营行为的可持续性进行有效的监督和宣传，均有利于食品企业更好地适应可持续供应链管理实践。媒体的监督和宣传对大型食品企业可持续供应链管理的促进作用更为显著。原因可能在于，大部分新闻媒体只关注大型食品企业的经营行为，而忽视了中小型食品企业在经营中遇到的问题和解决的办法。因此，媒体的监督和宣传更能规范与强化大型食品企业的可持续经营行为。同时，媒体在企业和消费者之间架起沟通桥梁时，消费者会更加关注龙头企业的信息，这也对大型企业的可持续供应链管理起到了一定的促进作用。

媒体是消费者与企业之间沟通的重要渠道，现代媒体应建立与食品企业的新闻沟通渠道，充分发挥传统媒体与新媒体的舆论宣传与监督机制，尤其对大型食品企业，应多渠道、多角度、多层次关注食品企业可持续供应链管理的实施情况，对大型食品企业开展的各种社会责任实践、可持续发展战略、可持续导向型技术与产品创新等诸多信息，用更详尽、更生动的方式展现给消费者（Yong 等，2015）。媒体还应该鼓励食品企业通过各种渠道定期发布食品企业可持续发展报告。在我国，媒体通常会针对大型企业定期发布企业可持续发展报告，使得食品企业能够定期审视可持续发展战略目标的执行情况，系统梳理、分析食品供应链面临的各种责任风险，推动食品企业内部及对上下游合作伙伴实施可持续供应链管理。媒体应及时、客观地对食品企业违反社会责任、食品安全与环境保护的行为进行曝光，予以谴责。媒体通过对食品安全事件的舆论宣传与监督，可以促使食品企业开展可持续供应链管理实践，减少企业违反社会责任、食品安全与环境保护等相关事件的发生。针对大型食品企业，媒体应充分利用各类资源，积极发挥引导、促进作用，对食品企业有效履行社会责任形成强大的推力。各类报刊、网站等媒体，应切实发挥舆论的监督作用（Haverkamp

等，2005）。媒体在倡导大型食品企业实施可持续供应链管理实践的过程中，应引导中小型食品企业了解和实施可持续供应链管理实践，先改善中小型食品企业内部可持续供应链管理实践，再去改善整个中小型食品企业外部可持续供应链管理实践（Hu，2006）。

（3）食品企业实施可持续供应链管理的行业协会驱动策略

无论是中小型食品企业还是大型食品企业，食品行业协会制定有效的食品行业可持续发展标准，均有利于食品企业更好地适应可持续供应链管理实践，但是其对中小型食品企业可持续供应链管理的促进作用更为显著。原因可能在于，行业协会制定的标准，更多受到行业龙头企业的影响。过去，可持续发展标准的制定要靠行业管理部门，但随之而来的问题是，标准往往落后于产业的发展，存在与市场脱节的问题。近几年，为加快转变经济增长方式，提高自主创新能力，我国对标准化工作提出了新的要求，以龙头企业为主体制定标准的一系列改革措施应运而生。让龙头企业作为标准制定的主体，无疑是适应经济发展需要、推进标准化建设的重要举措，能够更好地使食品产业与市场对接，引领产业的可持续发展。因此，来自于龙头企业的可持续发展标准对中小企业可持续供应链管理实践会有更加明显的推动作用。

但无论是大型食品企业还是中小型食品企业，食品行业协会引进国际先进技术，均能够推动整个行业的可持续供应链管理实践，而其对大型食品企业的可持续供应链管理的促进作用更为显著。原因可能在于，大型食品企业在激烈的市场竞争中，不仅要面对国内企业的竞争，还要面对国际跨国公司的竞争，大型食品企业更需要随着市场的需求和变化，不断研发和引进市场需要的新技术，这是大型食品企业在竞争中求生存、求发展的关键（Turza，2014）。大型食品企业之间的竞争，不仅仅是规模上的竞争，更重要的是企业间技术创新实力的较量。相较于大型食品企业，中小型食品企业并不具备足够的财力和人力去引进国际先进技术（许正良和刘娜，

2008；Lee等，2015）。因此，食品行业协会引进国际先进技术，更能够促进大型食品企业实施可持续供应链管理实践。

食品行业协会应充分发挥熟悉企业、熟悉行业、熟悉市场的优势，积极开展行业统计和市场分析，研判经济发展形势，制定行业可持续发展规划，为政府建言献策，促进食品行业可持续发展，推动食品行业可持续标准化体系建设，加强行业自律，反映行业诉求。

（4）食品企业实施可持续供应链管理的消费者驱动策略

无论是大型食品企业还是中小型食品企业，消费者对食品企业经营行为的可持续性进行有效监督，均有利于食品企业更好地适应可持续供应链管理实践。但是，消费者监督对大型食品企业可持续供应链管理的促进作用更为显著，原因可能在于"顾客至上"，这是企业普遍强调的观念，企业之间竞争的源头就是消费者，要想在竞争中立于不败之地，企业就有必要处理好与消费者之间的关系。大型食品企业的产品影响较广，因此消费者更需要去了解它。只有拉近消费者与企业的关系，双方才会更加了解，这就需要消费者对企业进行有效的监督与评价。对于自身存在的问题，企业可能不会及时发现，但是消费者作为切身体验者，会很容易发现产品和企业经营行为的不足。当消费者提出意见时，企业应该虚心地接受，处理好与消费者之间的关系，对不足之处进行改进，这也可以不断促进食品企业实施可持续供应链管理实践。

无论是大型食品企业还是中小型食品企业，消费者提升可持续消费观念，均有利于食品企业更好地适应可持续供应链管理实践。原因可能在于，消费者养成适度消费的习惯，在消费商品时注意对资源的节约使用，可以在改变自身习惯的同时督促食品企业改善自己的经营行为，使整个食品行业重视可持续发展。消费者提高可持续消费观念，可以使食品企业受到来自市场需求方面的压力，同时，由于绿色产品颇受消费者青睐，环境保护不再被企业视为一种包袱，而是被视为企业发展的目标（Young等，2010）。

因此，引导消费者转变消费观念，使其在追求生活舒适的同时节约资源和能源，实现可持续消费，对食品企业实施可持续供应链管理有着显著的驱动作用（Tang 等，2014）。

可持续消费意识会影响消费者的购买决策，进而推动食品企业积极开展可持续供应链管理。消费者应提升消费意识，将食品企业的环境保护、公益活动、社会责任等可持续供应链管理实践作为影响消费及购买决策的重要因素。消费者还应积极了解和参与食品企业可持续供应链管理的实施。消费者是食品企业重要的利益相关方之一，却往往也是相对弱势的，很难掌握有关食品企业的产品和服务的完整信息。消费者应积极参加食品企业组织的活动，同时针对新产品、包装、流通等方面提出可持续性需求，促进食品企业可持续产品的研发与设计（Seyfang，2008）。

食品企业社会责任行为缺失，会影响消费者对食品企业产品的购买意愿。如今消费者的食品安全意识和可持续消费观念日益提高，可持续产品正风靡全球。可持续消费观念会使消费者更多地关注食品企业可持续供应链管理的实践，并将其作为产品购买选择的依据。现在越来越多的消费者会主动了解食品企业的相关行为，对食品企业在食品安全、环境保护、社会责任等方面的违规行为会主动举报或向媒体披露。然而，由于消费者缺乏对中小型食品企业的了解，信息来源不足，因此会阻碍消费者对中小型食品企业日常行为的监督。

6.7 结论与管理启示

本章创新性地构建出食品企业可持续供应链驱动因素的外部利益相关方理论模型，实证研究了不同规模的食品企业在可持续供应链管理实践和食品安全水平层面的差异性，揭示了不同利益相关方（政府、媒体、行业协会、消费者）的驱动策略对食品企业实施可持续供应链管理有显著影响，

第6章 不同规模食品企业可持续供应链管理驱动因素与机制研究

同时研究了不同利益相关方对不同规模的食品企业实施可持续供应链管理实践的驱动作用,得到以下结论。

(1)不同规模的食品企业可持续供应链管理实践和食品安全水平具有差异,总体来说,大型食品企业更加注重供应链整体的可持续性和食品安全水平。在公司治理中,大型食品企业的高层管理者会更关注社会和环境管理的重要性,以提高社会责任和环境保护在供应链管理中的地位。中小型食品企业由于资源与技术有限,因此可持续供应链管理水平较低。虽然中小型食品企业实施可持续供应链管理会产生额外的成本,但对环境绩效和社会绩效会有很大的提升,可以缩小企业规模对食品企业绩效产生的差距,为中小型食品企业的长远发展创造条件。

(2)政府可以通过制定法律法规与监督及适当的激励措施来促进食品企业实施可持续供应链管理实践。企业规模负向调节了政府法律法规与监督和可持续供应链管理实践之间的关系。政府制定相应的法律法规,能够更有效地带动中小型食品企业实施可持续供应链管理。与中小型食品企业相比,尽管政府法律法规与监督对大型食品企业实施可持续供应链管理的促进作用明显降低,但也是正向显著。企业规模正向调节了政府激励措施与可持续供应链管理实践之间的关系。政府实施适当的激励措施,能够有效地带动大型食品企业实施可持续供应链管理。但政府激励措施对中小型食品企业实施可持续供应链管理也是正向显著。

(3)媒体可以通过监督和宣传来促进食品企业实施可持续供应链管理实践。企业规模正向调节了媒体监督及媒体宣传与食品企业可持续供应链管理实践之间的关系。媒体对食品行业可持续发展进行监督和正向宣传,能够有效地带动大型食品企业实施可持续供应链管理。与大型食品企业相比,尽管媒体监督和宣传对中小型食品企业实施可持续供应链管理的促进作用明显降低,但也是正向显著。

(4)行业协会可以通过制定可持续发展标准和引进绿色技术来促进食品企业实施可持续供应链管理实践。企业规模负向调节了可持续发展标准和食品企业可持续供应链管理实践之间的关系。食品行业协会制定相应的可持续发展标准，能够有效地带动中小型食品企业实施可持续供应链管理。与中小型食品企业相比，尽管制定可持续发展标准对大型食品企业实施可持续供应链管理的促进作用明显降低，但也是正向显著。企业规模正向调节了食品产业技术和食品企业可持续供应链管理实践之间的关系。行业协会从发达国家引进先进的绿色技术，能够更有效地带动大型食品企业实施可持续供应链管理。但行业协会引进先进技术对中小型食品企业实施可持续供应链管理也是正向显著。

（5）消费者可以通过监督食品企业和提高可持续消费决策来促进食品企业实施可持续供应链管理实践。企业规模正向调节了消费者监督与食品企业可持续供应链管理实践之间的关系。消费者对食品行业可持续发展进行监督，能够有效地带动大型食品企业实施可持续供应链管理。与大型食品企业相比，尽管消费者监督对中小型食品企业实施可持续供应链管理的促进作用明显降低，但也是正向显著。企业规模对消费者提升可持续消费决策与食品企业实施可持续供应链管理实践没有调节作用，但是消费者提升可持续消费决策对食品企业实施可持续供应链管理的促进作用均为正向显著。

第 7 章
研究结论与应用

7.1 主要研究结论

本研究通过对相关文献的梳理，对 30 多家中国食品企业的深度访谈，以及对 92 家食品企业可持续供应链管理实践内容的调研，运用探索性因子分析，构建了中国食品企业可持续供应链管理的实践体系，设计了我国食品企业可持续供应链管理实践的测量量表。本研究通过对 372 家食品企业开展可持续供应链管理实践与企业绩效、驱动因素等指标问卷调查，探究了食品企业可持续供应链管理实践对食品安全水平的影响及相互关系，以及食品安全水平对食品企业绩效的影响及相互关系，并创新性地探讨了食品安全水平在这些影响过程中的中介作用，揭示了食品企业可持续供应链管理对食品安全水平及企业绩效提升的作用机理。本研究通过分析不同规模食品企业实施可持续供应链管理实践的差异性，进一步研究了不同外部利益相关方（政府、媒体、行业协会、消费者）对不同规模食品企业实施可持续供应链管理实践的驱动作用是否存在显著的差异性，并创新性地构建出食品企业可持续供应链管理驱动因素的外部利益相关方的理论模型，探讨了我国不同规模食品企业实施可持续供应链管理的差异性。

（1）中国食品企业可持续供应链管理实践体系构建与量表设计

本研究通过对 30 多家食品企业高层管理者的访谈，对 92 家食品企业可持续供应链管理实践的问卷调查，运用探索性因子分析等方法构建了中国食品企业可持续供应链管理实践体系。该体系主要由 4 个维度构成，分别为食品企业的内部社会责任管理实践、内部环境管理实践、外部监督评价供应链上下游企业、与供应链上下游企业合作，共包含 20 个指标。本研究构建的食品企业可持续供应链管理实践体系与测量量表对指导我国食品企业开展可持续供应链管理实践、丰富可持续供应链管理在食品行业中的应用具有重要意义。

（2）食品企业可持续供应链管理与企业绩效及食品安全水平影响关系研究

本研究分析了可持续食品供应链管理实践中内部社会责任管理实践、内部环境管理实践、外部监督评价供应链上下游企业、与供应链上下游企业合作 4 个维度分别对食品企业社会绩效、环境绩效和经济绩效的影响及相互关系，并创新性地探讨了食品安全水平在这些影响过程中的中介作用，分析了食品企业可持续供应链管理实践对食品安全水平的影响及相互关系，以及食品安全水平对企业绩效的影响及相互关系。

研究结论表明，食品企业通过实施可持续供应链管理实践，可以有效地带动企业社会、环境和经济绩效的提升；食品企业加强社会责任管理和环境管理，对企业自身及供应链上下游企业实施可持续供应链管理，能够有效地提升食品安全水平；食品安全水平对食品企业的社会、环境和经济绩效有正向影响。食品安全水平的提升，能够有效地促进食品企业的社会、环境和经济绩效的整体提升，推动食品企业持续健康发展；食品企业可持续供应链管理有助于通过食品安全水平提升的中介作用，实现食品企业绩效的同步提升，进而有效地促进食品企业的可持续健康发展。

（3）不同规模食品企业可持续供应链管理驱动因素与机制研究

针对不同规模食品企业可持续供应链管理实践的差异性，本研究基于外部利益相关方理论构建了食品企业可持续供应链管理驱动因素的理论模型，实证研究了不同利益相关方（政府、媒体、行业协会、消费者）的驱动措施是否对食品企业实施可持续供应链管理有显著影响。针对目前我国不同规模食品企业可持续供应链管理实施现状，本研究引入了企业规模作为调节变量，探讨了不同利益相关方驱动策略对食品企业开展可持续供应链管理存在的差异性，进而从利益相关方的角度，针对不同规模的食品企业给出差异化的驱动策略。

研究结论表明，政府可以通过制定法律法规和适当的激励措施来促进食品企业实施可持续供应链管理实践，且对中小型食品企业更有效。企业规模正向调节了政府激励措施与食品企业可持续供应链管理实践之间的关系。政府实施适当的激励措施，能够更有效地带动大型食品企业实施可持续供应链管理。媒体可以通过监督和宣传来促进食品企业实施可持续供应链管理实践，且对大型食品企业更有效。行业协会可以通过制定可持续发展标准和引进绿色技术来促进食品企业实施可持续供应链管理实践，且行业协会制定相应的可持续发展标准对中小型食品企业更有效，行业协会引进先进的绿色技术对大型食品企业更有效。消费者可以通过监督食品企业和提高可持续消费决策来促进食品企业实施可持续供应链管理实践，且消费者对食品企业可持续发展进行监督对大型食品企业更有效。

7.2 可持续供应链管理视角下我国食品安全共同治理的政策建议

7.2.1 基于可持续供应链管理的我国食品安全共同治理模式的总体思路

长期以来，我国一直实行政府为主导的食品安全监督管理模式。实践证明，单靠政府部门监管难以从根本上解决食品安全问题，应构建各主体互相配合、互相补充的治理体系，变"监管"为"治理"，才能实现对食品安全问题的标本兼治。2019年发布的《中共中央 国务院关于深化改革加强食品安全工作的意见》明确指出，我国应积极推进食品安全社会共治格局，构建食品安全多元治理模式，实现政府、企业和社会公众联合起来，共同完成对食品安全的治理。"社会共治"强调的是发挥社会各主体的责任意识，共同监管食品安全。共建共治的治理体系主要由共治主体结构和责任结构组成，既要明确共治的主体，也要明确各主体的权责，处理好与其他主体的边界。食品安全共治主体主要包括政府、企业、行业协会、社会组织、媒体、消费者等。

食品企业实施可持续供应链管理是未来供应链管理的新趋势，是食品企业从自身角度主动履行食品安全治理的责任。同时，食品企业可持续供应链管理也为政府、行业协会、媒体、消费者从外部层面开展食品安全监管与治理提供了新的思路。食品安全治理的手段从监督和惩罚转变为对食品企业实施可持续供应链管理的引导和推动。

基于实证研究结果，本研究给出基于可持续供应链管理的我国食品安全共同治理模式的总体思路：通过政府、行业协会、媒体、消费者及食品企业等内外部环境的推动，促使食品企业有效实施可持续供应链管理，使食品企业加强对自身及供应链上下游伙伴成员在食品安全、环境保护及企业社会责任方面的管理，降低供应链运营风险，以减少食品安全事件的发生，构建基于可持续供应链管理框架下的我国食品安全共同治理的新格局和新途径。

在这个总体思路下，构建和完善基于可持续供应链管理的我国食品安全共同治理模式要做好以下三个层面的工作。

（1）食品企业层面

食品企业作为食品安全治理的责任主体、可持续供应链管理的实施者，在可持续供应链管理视角下的食品安全治理体系中具有极其重要的地位和作用。首先，食品供应链核心企业要将可持续供应链管理及食品安全治理定位为企业的长远发展战略，明确认识自身主体责任，主动承担食品安全和环境保护责任，增强社会责任意识，实施可持续供应链管理，保障食品质量与安全。其次，要完善企业内部食品安全、环境保护与社会责任管理体系，健全食品企业内部在产品设计、生产等环节的食品安全与环境保护管理制度，并积极开展员工培训，提高食品企业可持续导向科技创新能力，加强食品安全风险分析与控制能力，从而降低食品企业内部食品安全风险。再次，要对食品供应链上下游伙伴成员进行监督评价，加强其在食品环境安全卫生及企业社会责任方面的管理，及时控制原材料采购及产品销售流通环节的食品安全风险。最后，要与食品供应链上下游伙伴成员展开合作，加强有效沟通，共享信息，增强供应链的透明度，使供应链成员在可持续供应链管理的相关理念和措施方面达成一致，以便食品安全和环境保护等可持续供应链管理实践在整个供应链能够有效展开，带动整个食品供应链安全水平的提升。供应链核心企业应与上下游供应链伙伴深度合作（如合作研发健康绿色食品，开展绿色环保包装设计、建立食品供应链可追溯平台等），共同遵守环境保护和社会责任方面的政策、法律法规，并依据管理标准体系和规范的行为准则进行有效管理，提升供应链成员的整体效益。

（2）政府与行业协会层面

政府和行业协会应积极推动食品企业可持续供应链管理的有效实施，提升食品企业可持续供应链管理的意识和食品安全治理水平。首先，要建立健全食品企业可持续供应链管理的实施标准和规范，以标准和规范约束食品企业对自身和供应链上下游企业开展食品安全的治理实践。其次，要推动食品科学与技术领域的自主创新，以及引进国际先进的可持续导向型创新技术与行业规范，通过绿色、可持续产品与流程创新，提升食品行业的技术水平，推动食品行业持续健康发展。再次，加强可持续供应链管理实施效果的跟踪与评价，选择部分国有大型企业、外资企业及龙头食品企业作为可持续供应链管理实践试点，总结相关经验后再向中小型食品企业推广普及，带动整个食品行业可持续供应链管理水平的提升。最后，建立食品企业可持续供应链管理激励体系与机制。食品企业实施可持续供应链管理对于提升食品安全水平及食品行业的整体发展水平具有重要意义，是食品安全治理的新思路。政府和行业协会应该充分发挥财税政策的杠杆作用，对实施可持续供应链管理的食品企业给予正向激励，通过低息信贷、债权、税收减免等措施，弥补这些企业在可持续供应链管理实践方面的投入，同时在技术研发、人才培养等配套支持政策上同步跟进，使其由竞争劣势者逐步转变为竞争优势者，促进食品企业可持续供应链管理的全面推广与实施。

（3）媒体、消费者等社会公众层面

媒体、消费者及社会公众要发挥食品安全监督作用，以及对食品企业可持续供应链管理实施的推动作用，完善可持续供应链管理视角下我国食品安全共同治理模式中的社会参与机制。首先，媒体应在食品企业和消费者之间搭建沟通平台，加强与食品企业和消费者之间的信息交流，了解食品企业可持续供应链管理相关信息，并尽可能地为消费者提供科学信息，同时应宣传和弘扬食品企业在食品安全、环境保护、履行食品企业社会责任方面的典型事迹。其次，媒体应监督并鼓励食品企业定期发布企业可持续发展报告，提升消费者对于食品企业实施可持续供应链管理与食品安全治理的认知。再次，消费者应提升消费意识，将食品企业的安全与环境保护、公益社会责任等可持续供应链管理实践作为影响消费及购买决策的重要因素。最后，消费者应提升自我对于食品安全监管的意识，对食品企业违反食品安全、环境保护、社会责任等相关行为应主动举报或向媒体披露。

在可持续供应链管理视角下，我国食品安全社会共同治理体系实现了食品安全治理主体从单一到多元的转变，治理方式实现了从自上而下的单向监督管理到食品企业、政府、行业协会、媒体、消费者多主体之间良性

互动的转变。这一食品安全社会共同治理理念的转变能够有效提升食品安全的治理效果，实现并满足人民群众对食品安全的需求，推动我国食品行业的健康可持续发展。

加强我国食品企业实施可持续供应链管理的力度、完善政府与行业协会对食品行业实施可持续供应链管理的助推体系、健全我国媒体和消费者对食品行业可持续供应链管理与食品安全治理的参与机制，是可持续供应链管理视角下食品安全共同治理策略的主线与着力点。

7.2.2 加强我国食品企业实施可持续供应链管理的力度

（1）将可持续供应链管理确定为食品企业的长远发展战略

越来越多的食品企业意识到了自己对消费者及社会的责任，一方面，食品企业必须对本组织造成的社会影响负责；另一方面，食品企业必须承担解决社会问题的责任。食品企业应根据自身情况，设立符合企业特点且长期有效的可持续供应链战略目标。食品企业应该明确认识到自身的主体责任，主动承担食品安全和环境保护责任，实施可持续供应链管理，保障食品质量与安全。食品企业树立良好的社会形象，既能为自己的产品或服务赢得信誉，又能促进组织本身获得社会认同。食品企业应设立可持续供应链管理的目标，不单单关注企业的经济利益，更应追求经济、环境、社会整体效益最大化。食品企业应通过各种可持续实践活动承担更多社会责任，如绿色健康产品创新与研发、环境保护、节约能源、参与社会公益活动、支持社会福利事业和地区建设等。

为建立长期有效的可持续供应链管理目标，食品企业高层领导要提高对可持续供应链管理实施的重视程度，及时更新管理理念。食品企业高层领导应以整个供应链长期效益最大化为目标，对食品企业及整个供应链的经济、社会和环境三方面的效益进行协调，围绕这个目标对食品企业及供应链上下游企业进行组织设计，制定符合食品安全与环境保护标准的采购、生产、流通与销售策略，不断加强绿色可持续技术的引进与自主创新，促使企业成为食品行业可持续发展的示范单位。

食品企业可持续供应链管理不仅需要企业高层领导参与，更需要全体员工及供应链上下游成员共同参与。食品企业应通过加强员工的教育与培训，将可持续发展的理念融入企业文化，使可持续供应链管理实践成为企业所有成员的自觉行动，共同塑造企业可持续发展的形象。食品企业强化内在价值观约束，强化员工的产品质量意识，也是杜绝食品安全问题的关键。食品企业要努力打造可持续发展的企业文化，将社会责任感引入企业文化体系，营造企业履行社会责任的浓厚氛围，提高食品从业人员的法律道德观念，从原材料采购、生产、流通与销售等各个环节保障食品质量与安全。

（2）完善食品企业内部的食品安全环境与社会责任相关管理体系

食品企业应明确可持续供应链管理实践对企业食品安全水平及企业绩效提升的重要性，主动健全与完善食品企业内部食品安全环境与社会责任相关管理体系，健全食品企业内部在产品设计、原材料供应与采购、生产、流通、销售等各个环节的食品安全与环境保护管理制度，提高食品企业可持续导向科技创新能力，加强食品安全风险分析与控制能力，从而降低食品企业内部食品安全风险。

社会责任和环境保护管理，更多是企业的一种自我约束。因此，实施可持续食品供应链管理的关键是强化食品企业的主体责任意识，高层管理者要突出社会责任和环境管理的重要性，提高社会责任和环境保护在企业治理中的地位。

食品企业应积极导入环境管理体系（ISO14001），按 ISO14001 标准开发环境友善的产品，采用无毒、无害、健康的原材料，改进工艺流程和设备，加强环境保护管理，对食品生产全过程进行有效控制。从最初的设计到最终的产品和服务，食品企业都要减少污染物的产生、排放和对环境的影响，同时要注意原材料、能源和资源的节约及废弃物的回收利用问题，体现清洁生产和预防污染的思想，进行综合处理和利用，从而降低成本，最终实现节能降耗。食品企业只有减少供应链和企业运作带来的环境污染问题，才有可能生产出无污染、高质量的食品。

食品企业应积极引入社会责任管理体系（SA8000），将"工匠精神"落实为食品企业发展模式，增强品质责任、员工责任、相关利益者责任、产业创新责任、环境责任和食品安全责任等社会责任意识，提升食品安全水平，保证员工基本权益，积极参与慈善活动，助力地方经济发展。食品企业社会责任体系建设是一个不断完善、不断发展的动态工作。食品企业应积极将社会责任体系建设提升至事关企业生存发展、提高核心竞争力的战略高度。食品企业应不断提升其产品、包装与流程等方面的可持续创新能力，以创新能力的提升丰富食品企业内部可持续供应链管理实践的体系和内涵。

（3）对供应链上下游伙伴企业开展监督与评价

食品企业全面实施可持续供应链管理，供应链伙伴企业的选择是先要解决的问题。食品企业应根据本企业可持续供应链管理的发展规划有针对性地选择供应商和零售商。食品供应链是从原材料的生产采购到产品的加工、销售等多个环节组成的复杂的整体结构。原料的生产环境、绿色无污染、质量品质保障对于整个食品供应链及食品安全的保障具有重要意义。同时，在产品流通环节，零售商、物流配送商的环境及社会责任意识都会直接或间接影响整个供应链的食品安全水平。

食品企业应通过推出供应商、零售商管理行为准则，要求供应商、零售商等供应链成员遵守所有适用的法律法规。食品企业应建立食品供应链上下游原材料供应商和零售商的可持续评价体系，完善供应链上下游成员企业的准入机制，同时还应该开展定期评价，选择优秀的合作伙伴，建立可持续供应链战略合作伙伴关系。

食品企业应配备专门的管理人员对供应链上下游企业的环境管理实践和社会责任管理实践开展监督管理工作，强化食品安全治理，从源头为消费者提供合格、放心、安全的产品。食品企业对供应链上下游企业的食品安全工作进行监督，了解供应商、零售商的环境保护和社会责任管理策略，可以更有针对性地提出改进方案。食品企业监督供应链上下游企业从事食品生产经营活动，应在相关法律法规及行业标准的约束下进行，对于发现的问题要及时沟通，尽快解决，以防问题扩散，产生相关的环境和社会问题。食品供应链核心企业对上下游合作伙伴进行监督与评价，是食品供应链核心企业从供应链全程保障食品安全、实现可持续发展目标的重要措施。

（4）与供应链上下游伙伴成员开展信息共享与合作

可持续食品供应链管理的全面有效实施依赖于供应链上下游成员企业的共同参与。食品供应链核心企业应与上下游成员企业加强信息共享与交流合作，建立共同的可持续发展目标，以推动可持续供应链管理实践在整个供应链的有效开展，由食品供应链中的核心企业带动整个食品供应链安全水平的提升，进而提升供应链成员的整体效益。

食品供应链核心企业要与供应链上下游伙伴成员依托大数据、物联网等信息技术开展信息共享，加强有效沟通，建立食品供应链可追溯大数据平台，从源头获取食品原材料等相关数据，增强供应链的透明度，以便依托大数据等技术，为食品安全监管及食品质量提升提供具有针对性的建议和策略。食品供应链成员间信息共享可以全面加强供应链企业间的沟通，有利于供应链成员共同开展可持续供应链管理实践。

食品供应链核心企业应与食品供应链上下游成员在可持续供应链管理的相关理念和措施方面达成一致，与上下游供应链伙伴深度合作（如合作研发健康食品，共同开展绿色环保包装设计，拓展销售渠道等），共同遵守环境保护和社会责任方面的法律法规，并依据管理标准体系和规范的行为准则开展生产经营活动，提升整个供应链的可持续发展能力与整体效益。

7.2.3 完善政府与行业协会对食品行业可持续供应链管理的助推体系

（1）建立我国食品行业可持续供应链管理的相关实施标准

我国食品行业存在可持续发展标准覆盖范围不全，以及标准结构不足等问题，可持续供应链管理的实践与理论在我国食品行业还未全面普及和实施。因此，我国相关政府管理部门应积极建立健全食品企业可持续供应链管理的实施标准。标准是引领、规范行业发展的重要保障，以标准和规范约束食品企业对自身和供应链上下游企业开展可持续供应链管理实践对食品安全管理具有重要意义。我们应从法律上对违反食品安全环境与社会责任的主体等予以规定。在法律责任上，应加大处罚力度，设连带责任，制定惩罚性赔偿制度。

食品企业可持续供应链标准与规范是引导食品企业开展生产经营活动的主要风向标。食品企业可持续供应链管理相关标准应由政府牵头，行业协会主导，按照"统一规范，分级分类"的基本原则，在充分考虑不同食品种类、不同企业规模等实际情况的基础上制定，实施分级分类管理，做到既统一规范，又尊重差异，以此促进食品企业可持续供应链管理的实施。

（2）鼓励食品行业积极开展与可持续导向相关的技术引进与自主创新

科学技术保障体系是可持续供应链管理及食品安全管理的前提和基础，是更好地实施可持续食品供应链管理的重要保障。我国政府部门及食品行业协会应推动与食品企业可持续导向相关的技术引进与自主创新，引进国际先进食品行业可持续导向型创新技术与行业规范标准，推行绿色、可持续产品与流程创新，提升食品行业的技术水平，推动行业持续健康发展。

食品产业要通过建立健全创新体系，不断提升创新能力，为改善食品营养、健康与安全，引领和支撑产业发展提供坚实保障。同时，要不断完善食品创新布局，按照营养与健康的基本需求，加快发展与食品产业密切相关的加工制造技术，加快智能制造和绿色制造在食品产业的布局和应用，通过技术创新为产业发展提供动力，增强可持续竞争力。

引进国际食品行业先进的可持续导向型产品及规范标准，先进的绿色健康食品配方、低碳生产工艺流程、环保的包装设计等对我国食品企业可持续供应链管理具有非常好的推动作用。我们应通过自主创新与引进先进技术，全面推动我国食品产业转型升级，实现产业健康可持续发展。

（3）加强食品行业可持续供应链管理实施效果的跟踪与评价

我国政府和行业协会等相关部门应及时了解我国不同规模的食品企业可持续供应链管理实践的实施与开展情况，以及实施过程中遇到的问题和取得的成果，获取相关数据，创建食品企业可持续供应链管理大数据信息共享平台，这有助于总结我国食品企业可持续供应链管理的相关经验，为后续全面推动可持续供应链管理奠定基础。

同时，政府和行业协会应建立我国食品企业可持续供应链管理实施评价与监控体系，可以先选择部分国有大型食品企业及外资企业作为可持续供应链管理的实践试点，总结相关经验，再向中小型食品企业推广普及，完善食品行业龙头企业与中小企业可持续供应链管理的互动发展机制，充分发挥龙头企业的核心示范作用，带动整个食品行业可持续供应链管理水平的提升。

（4）建立食品企业可持续供应链管理实施激励机制

食品企业实施可持续供应链管理对食品安全水平提升具有重要意义，相关政府部门应该充分发挥财税政策的杠杆作用，对实施可持续供应链管理的食品企业给予正向激励，通过低息信贷、债权、税收减免等措施弥补这些企业在可持续供应链管理实践方面的相关投入，同时在技术研发、人才培养等配套支持政策上同步跟进，使其由竞争劣势者逐步转变为竞争优势者，促进可持续供应链管理的全面推广与实施。

食品企业实施可持续供应链管理是一项长远战略，短期内难以取得较大的经济效益。政府和行业协会应通过可持续供应链管理实施效果评价，遴选出一部分示范企业给予表彰和奖励，充分调动不同类型、不同规模食品企业可持续供应链管理实践探索与实施的积极性，加强对食品安全、环境保护和社会责任意识的宣传，调动食品企业、社会组织和公众追求可持续发展的意识，为可持续供应链管理的实施营造一个良好的环境和氛围。

7.2.4 健全食品企业可持续供应链管理与食品安全治理的社会公众参与机制

（1）充分发挥媒体对可持续供应链管理的普及推广作用

媒体是消费者与企业之间沟通的重要渠道，现代媒体应建立与食品企业的新闻沟通渠道。互联网、电视、手机等公共媒体应充分发挥舆论宣传与监督机制，多渠道、多角度、多层次关注食品企业可持续供应链管理的实施情况，将企业开展的各种社会责任实践、可持续发展战略、可持续导向型技术与产品创新等诸多信息，用更详尽、更生动的方式展现给消费者。媒体对食品企业可持续供应链管理的宣传可以提高食品企业实施可持续供应链管理的效益，提升消费者对食品企业可持续供应链管理实践的认识，有助于实施可持续供应链管理的企业在消费者中形成良好的口碑，促进消费者对企业产品的购买意愿。

媒体是食品企业向市场和消费者传递可持续供应链管理实践与食品安全治理信息的重要渠道。媒体与政府和行业协会互动，深入挖掘食品企业可持续供应链管理实践促进食品安全提升的典型案例，共同总结相关经验，为食品行业全面推动可持续供应链管理的实施奠定了舆论基础。

此外，媒体应该鼓励食品企业通过各种渠道定期发布可持续发展报告。可持续发展报告是食品企业将其履行社会责任的理念、战略、方法及其经营活动在经济、社会、环境等维度产生的影响定期向利益相关方进行披露的一种方式。食品企业通过定期发布可持续发展报告，能够审视可持续发展战略目标的执行情况，系统梳理、分析食品供应链面临的各种责任风险，推动食品企业内部管理以及对上下游合作伙伴管理的提升和改进；有利于食品企业将可持续发展战略进一步贯彻和实施；有利于满足各利益相关方的需求，提升食品企业的形象和影响力，提升消费者满意度。

（2）发挥媒体对食品安全的监督作用

在互联网信息技术和新媒体高速发展的今天，信息传播范围之广、速度之快，都是以往无法达到的。因此，任何负面新闻，尤其是食品安全的负面信息，都将危害食品企业的形象。媒体应及时、客观地对食品企业违反社会责任、食品安全与环境保护的行为进行曝光，予以谴责。媒体对因食品企业责任造成的食品安全事件的舆论宣传与监督，可以促使食品企业开展可持续供应链管理实践，减少企业违反社会责任、食品安全与环境保护规定等相关事件的发生。

媒体应积极配合有关部门完善食品安全公共信息平台，加快"智能监管"工程建设，早日实现食品安全信息共享与交换，确保食品安全信息发布的及时性、可靠性和真实性，为人民群众的身体健康保驾护航。

（3）影响可持续供应链管理视角下的消费者购买决策

消费者应提升可持续消费意识，树立选择绿色健康食品、环保包装的消费理念，即在消费时选择未被污染或有助于公众健康的绿色产品；在消费过程中主动关注食品包装的回收利用与垃圾处置，避免环境污染；转变消费观念，在追求健康与舒适生活的同时，节约资源和能源，实现可持续消费。

消费者应提升消费意识，将食品企业安全环境保护、公益社会责任等可持续供应链管理实践作为影响消费及购买决策的重要因素。消费者可持续消费意识的提升，将促使消费者更多关注食品企业可持续供应链管理的实践，并将其作为选择产品的依据。可持续消费意识会影响消费者的购买决策，进而推动食品企业积极开展可持续供应链管理。

（4）提升消费者的食品安全监管意识，共同参与可持续供应链管理实施

消费者应提升自我对食品安全监管的意识，主动了解食品企业的相关行为，对食品企业违反食品安全环境保护与社会责任等行为，应主动举报或向媒体披露。

消费者应提高认知水平，掌握一些必要的食品安全知识，提高自己的判断能力。保护消费者的合法权益是全社会的共同责任，为消费者提供安全、健康的食品是企业的义务和责任。食品质量安全事件发生时，消费者应学会用法律手段维护自己的权益，积极履行公民义务，积极获取信息，主动向政府相关部门举报或向媒体披露，配合有关部门做好处理工作。消费者认知水平与维权意识的提升对减少食品安全问题的发生、改善食品安全治理环境具有重要的推动作用。

消费者应履行食品安全监管义务。大多数消费者将食品安全监管的重任寄希望于相关政府部门。我们应鼓励消费者积极参与其中，倡导食品安全监管与治理"人人有责、人人参与、人人受益"的理念；鼓励消费者主动了解食品企业的生产经营活动，利用食品可追溯系统与媒体相关食品安全信息平台开展食品安全的监管。调动包括消费者在内的一切社会力量共同参与食品安全监管，已成为刻不容缓的公共治理任务。我们应充分调动消费者参与食品安全治理的积极性，有效减少食品企业违反食品安全环境保护、违反社会责任等相关行为的机会，进而提升消费者对食品安全监督的积极性。

我们应鼓励消费者积极了解和参与食品企业可持续供应链管理的实施。消费者是食品企业重要的利益相关方之一，却往往也是相对弱势的群体，很难掌握有关食品企业产品和服务的完整信息。消费者应积极参加食品企业组织的活动，如参观食品企业加工流水线等，了解企业的生产运营情况及可持续供应链管理的实践情况，对新产品、包装、流通等提出需求信息，促进食品企业提升产品研发与设计，推动食品企业与消费者建立良好的信息沟通与合作机制。

7.3 研究贡献

7.3.1 构建了中国食品企业可持续供应链管理实践体系，并设计了测量量表

本研究通过对 30 多家食品企业高层管理者的访谈、对 92 家食品企业可持续供应链管理实践进行问卷调查，运用探索性因子分析等方法，构建了中国食品企业可持续供应链管理实践体系。该体系主要由四个维度构成，分别为食品企业的内部社会责任管理实践、内部环境管理实践、外部监督评价供应链上下游企业、与供应链上下游企业合作，共包含 20 个指标。本研究构建食品企业可持续供应链管理实践体系对指导我国食品企业开展可持续供应链管理实践、丰富可持续供应链管理在食品领域的应用具有重要意义。

7.3.2 揭示了可持续供应链管理实践对提升食品安全水平和企业绩效的作用机理

本研究通过对 372 家食品企业的问卷调查数据进行分析，实证研究了可持续供应链管理实践中内部社会责任管理实践、内部环境管理实践、外部监督评价供应链上下游企业、与供应链上下游企业合作 4 个维度分别对食品企业社会绩效、环境绩效和经济绩效的正向影响及相互关系，并创新性地探讨了食品安全水平在这些影响过程中的中介作用，揭示了可持续供应链管理实践对提升食品安全水平和企业绩效的作用机理。这一发现有助

于食品企业明确可持续供应链管理和食品安全的重要性,而不盲目追求短期经济效益,忽视企业长远发展,对从根本上解决我国食品安全问题具有重要意义。

7.3.3 给出了利益相关方视角下不同规模食品企业可持续供应链管理驱动因素与策略

本研究构建了食品企业可持续供应链管理驱动因素的外部利益相关方的理论模型,实证研究了不同利益相关方(政府、媒体、行业协会、消费者)的驱动措施对食品企业实施可持续供应链管理的影响。同时针对目前我国不同规模食品企业可持续供应链管理实施现状,引入企业规模作为调节变量,探讨不同利益相关方驱动策略对食品企业开展可持续供应链管理是否存在显著的差异性,进而从政府、行业协会、媒体和消费者等利益相关方的角度,给出差异化的可持续供应链管理驱动策略。

7.3.4 提出了可持续供应链管理视角下我国食品安全共同治理策略

基于食品企业可持续供应链管理体系构建以及食品企业可持续供应链管理实践对食品安全水平及企业绩效影响的研究,本研究给出食品企业内部及对供应链上下游企业可持续供应链管理的相关建议,即食品供应链核心企业层面的食品安全治理策略;基于不同相关者视角下不同规模食品企业可持续供应链管理驱动因素的研究,本研究给出从政府、媒体、行业协会及消费者层面推动食品企业实施可持续供应链管理的政策建议,即政府、媒体、行业协会及消费者层面的食品安全治理策略。整合以上两部分治理策略,本研究给出基于可持续供应链管理视角下我国食品安全多元参与、共同治理的策略。

可持续供应链管理视角下我国食品安全社会共同治理实现了食品安全

治理主体从单一到多元的转变，治理方式实现了从自上而下的单向监督管理到食品企业、政府、行业协会、媒体、消费者多主体之间良性互动的转变。这一食品安全社会共同治理理念的转变能够有效提升食品安全的治理效果，实现并满足人民群众对健康食品的需求，推动我国食品行业的健康可持续发展。

7.4 研究局限与展望

7.4.1 食品企业可持续供应链管理实践体系有待进一步细化

本研究中食品企业可持续供应链管理实践量表的开发虽然充分借鉴了国内外学者的研究成果、深度访谈及实证数据分析，但各项测量指标还不够全面，在今后的实证研究中还需加以探索与充实。特别是在测度"食品企业与供应链上下游企业合作"这一维度时，涉及的主体过于宽泛，既包括与上游供应商的合作，也包括与下游零售商的合作，未来研究可以考虑针对此类主体指向模糊的概念做出更加精确的定义，并进行详细测度，这样有助于更好地捕捉和概括食品企业与供应链上下游企业合作的特征。

7.4.2 缺乏对食品企业可持续供应链管理实践的动态跟踪

本研究探讨了食品企业可持续供应链管理对企业绩效及食品安全水平的影响及相互关系，一般来说，企业取得实施可持续供应链管理的效果，尤其是在经济方面的收获，需要一段时间的积累，使用动态数据更能反映出该效果，通过问卷调查收集到的数据为截面数据，在体现食品企业可持续供应链管理对企业食品安全水平及企业绩效的长远影响方面，存在一定的局限性。未来的研究可以运用时间序列的方法，采用面板数据进行有关分析，从发展的角度，更好地探讨食品企业可持续供应链管理实践对企业绩效的提升及食品安全水平的改善，以及对促进企业长远健康发展的影响。

7.4.3 可持续供应链管理实践对企业核心竞争力提升机制的深度挖掘

在研究食品企业可持续供应链管理实践对企业绩效影响机制的过程中，本研究结合食品企业的特点，重点考虑了食品安全水平这一中介变量，未来研究可以考虑更多变量的中介作用，如食品企业的资源整合、组织效率、技术创新等，更全面地揭示食品企业可持续供应链管理影响企业绩效机制的因素，从而进一步认识两者之间影响关系的本质。

参考文献

[1] Drumwright M E. Socially Responsible Organizational Buying: Environmental Concern as a Noneconomic Buying Criterion[J]. Journal of Marketing, 1994, 58(3): 1-19.

[2] Green K, Morton B, New S. Green purchasing and supply policies: do they improve companies' environmental performance?[J]. Supply Chain Management, 1998, 3(2): 89-95.

[3] Carter C R, Jennings M M. Social responsibility and supply chain relationships[J]. Transportation Research Part E Logistics & Transportation Review, 2002, 38(1): 37-52.

[4] Marshall D, Mccarthy L, Heavey C, et al. Environmental and social supply chain management sustainability practices: construct development and measurement[J]. Production Planning & Control, 2015, 26(8): 673-690.

[5] Mani V, Agarwal R, Gunasekaran A, et al. Social sustainability in the supply chain: Construct development and measurement validation[J]. Ecological Indicators, 2016, 71: 270-279.

[6] Seuring S, Müller M. From a literature review to a conceptual framework for sustainable supply chain management[J]. Journal of Cleaner Production, 2008, 16(15): 1699-1710.

[7] Carter C R, Rogers D S. A framework of sustainable supply chain management: moving toward new theory[J]. International Journal of Physical Distribution & Logistics Management, 2008, 38(5): 360-387.

[8] Bolis I, Morioka S N, Sznelwar L I. When sustainable development risks losing

its meaning. Delimiting the concept with a comprehensive literature review and a conceptual model[J]. Journal of Cleaner Production, 2014, 83: 7-20.

[9] Elkington J. Accounting for the Triple Bottom Line[J]. Measuring Business Excellence, 1998, 2(3): 18-22.

[10] Fischer C, Hartmann M, Reynolds N, et al. Factors influencing contractual choice and sustainable relationships in European agri-food supply chains[J]. European Review of Agricultural Economics, 2009, 36(4): 541-569.

[11] Sarkis J. A strategic decision framework for green supply chain management[J]. Journal of Cleaner Production, 2003, 11(4): 397-409.

[12] Clift R, Wright L. Relationships Between Environmental Impacts and Added Value Along the Supply Chain[J]. Technological Forecasting & Social Change, 2000, 65(3): 281-295.

[13] Stevels A. Green Supply chain management, much more than questionnaires and ISO 14.001[C]// IEEE International Symposium on Electronics & the Environment, 2002.

[14] Rao P, Holt D. Do green supply chains lead to competitiveness and economic performance?[J]. International Journal of Operations & Production Management, 2013, 25(9): 898-916.

[15] Garriga E, Mele D. Corporate Social Responsibility Theories: Mapping the Territory[J]. Journal of Business Ethics, 2004, 53(1/2): 51-71.

[16] Porter M E, Kramer M R. Strategy and society: the link between competitive advantage and corporate social responsibility[J]. Harv Bus Rev, 2006, 84(12): 78-92.

[17] Baron D P. Private Politics, Corporate Social Responsibility, and Integrated Strategy[J]. Journal of Economics & Management Strategy, 2010, 10(1): 7-45.

[18] Carroll A B. A Three-Dimensional Conceptual Model of Corporate Performance[J]. Academy of Management Review, 1979, 4(4): 497-505.

[19] Freeman, Howard E, Rossi, et al. Furthering the Applied Side of Sociology[J]. American Sociological Review, 1984, 49(4): 571-580.

[20] Linton J D, Klassen R, Jayaraman V. Sustainable supply chains: An introduction[J].

Journal of Operations Management, 2007, 25(6): 1075-1082.

[21] Pagell M, Zhaohui W U. Building a more complete theory of sustainable supply chain management using case studies of 10 exemplars[J]. Journal of Supply Chain Management, 2010, 45(2): 37-56.

[22] Zailani S, Jeyaraman K, Vengadasan G, et al. Sustainable supply chain management (SSCM) in Malaysia: A survey[J]. International Journal of Production Economics, 2012, 140(1): 330-340.

[23] Kuo T C, Chen G Y, Hsiao Y, et al. Investigating the Influential Factors of Sustainable Supply Chain Management, Using Two Asian Countries as Examples[J]. Sustainable Development, 2018.

[24] Tseng M L, Ming K L, Wong W P, et al. A framework for evaluating the performance of sustainable service supply chain management under uncertainty[J]. International Journal of Production Economics, 2018, 195.

[25] Wang J, Yue H. Food safety pre-warning system based on data mining for a sustainable food supply chain[J]. Food Control, 2016: S09567113516305242.

[26] Ramudhin A, Chaabane A, Kharoune M, et al. Carbon Market Sensitive Green Supply Chain Network Design[C]// IEEE International Conference on Industrial Engineering & Engineering Management, 2009.

[27] Fritz M, Hausen T. Electronic supply network coordination in agrifood networks: Barriers, potentials, and path dependencies[J]. International Journal of Production Economics, 2009, 121(2): 441-453.

[28] Beske P, Land A, Seuring S. Sustainable supply chain management practices and dynamic capabilities in the food industry: A critical analysis of the literature[J]. International Journal of Production Economics, 2014, 152(2): 131-143.

[29] Feng J, Liu B. Dynamic Impact of Online Word-of-Mouth and Advertising on Supply Chain Performance[J]. Int J Environ Res Public Health, 2018, 15(1): 69.

[30] Cazeri G T, Anholon R, Silva D D, et al. An assessment of the integration between corporate social responsibility practices and management systems in Brazil aiming at sustainability in enterprises[J]. Journal of Cleaner Production, 2018, 182: S0959652618303275.

[31] Hutchins M J, Sutherland J W. An exploration of measures of social sustainability and their application to supply chain decisions[J]. Journal of Cleaner Production, 2008, 16(15): 1688-1698.

[32] Welford R, Frost S. Corporate social responsibility in Asian supply chains[J]. Eco-Management and Auditing, 2012, 13(3): 166-176.

[33] Hutchins M J, Sutherland J W. An exploration of measures of social sustainability and their application to supply chain decisions[J]. Journal of Cleaner Production, 2008, 16(15): 1688-1698.

[34] Porter M E, Claas V D L. Toward a New Conception of the Environment-Competitiveness Relationship[J]. Journal of Economic Perspectives, 1995, 9(4): 97-118.

[35] Hart R C. Copepod equiproportional development: Experimental confirmation of its independence of food supply level, and a conceptual model accounting for apparent exceptions[J]. Hydrobiologia, 1998, 380(1-3): 77-85.

[36] Éadaoin M. Timmins, Susan A. Howell, Bjørn K. Alsberg, et al. Rapid Differentiation of Closely RelatedCandida Species and Strains by Pyrolysis-Mass Spectrometry and Fourier Transform-Infrared Spectroscopy[J]. Journal of Clinical Microbiology, 1998, 36(2): 367.

[37] Ramudhin A, Chaabane A, Paquet M. On the design of sustainable, green supply chains[C]// International Conference on Computers & Industrial Engineering, 2009.

[38] Bai C, Sarkis J. Integrating sustainability into supplier selection with grey system and rough set methodologies[J]. International Journal of Production Economics, 2010, 124(1): 252-264.

[39] Bhuiyan M F H, Awasthi A, Wang C, et al. Decentralized urban freight management through marketbased mechanisms[C]// IEEE International Conference on Systems Man & Cybernetics, 2010.

[40] Golicic S L, Smith C D. A meta-analysis of environmentally sustainable supply chain management practices and firm performance[J]. Journal of Supply Chain Management, 2013, 49(2): 78-95.

[41] Boström M, Jönsson A M, Lockie S, et al. Sustainable and responsible supply chain governance: challenges and opportunities[J]. Journal of Cleaner Production, 2015, 107: 1-7.

[42] Stonebraker P W, Liao J. Supply chain integration: exploring product and environmental contingencies[J]. Supply Chain Management, 2006, 11(1): 34-43.

[43] Sarkis J, Talluri S. Agile supply chain management[J]. Agile Manufacturing Century Competitive Strategy, 2001: 359-376.

[44] Goertzen L R, Boyd R S. Genetic Diversity and Clonality in the Federally Endangered Plant Clematis Socialis Kral (Ranunculaceae)1[J]. Journal of the Torrey Botanical Society, 2007, 134(4): 433-440.

[45] Hutchins M J, Sutherland J W. An exploration of measures of social sustainability and their application to supply chain decisions[J]. Journal of Cleaner Production, 2008, 16(15): 1688-1698.

[46] Duarte A P, Gomes D R, Simões E, et al. Finding the jigsaw piece for our jigsaw puzzle with corporate social responsibility[J]. Management Research, 2014, 12(3): 240 - 258.

[47] Zhu Q, Sarkis J. Relationships between operational practices and performance among early adopters of green supply chain management practices in Chinese manufacturing enterprises[J]. Journal of Operations Management, 2004, 22(3): 265-289.

[48] Zhu Q, Sarkis J, Lai K H. Initiatives and outcomes of green supply chain management implementation by Chinese manufacturers[J]. Journal of Environmental Management, 2007, 85(1): 179-189.

[49] Rao S, Goldsby T J. Supply chain risks: a review and typology[J]. International Journal of Logistics Management, 2009, 20(1): 97-123.

[50] Harms D, Hansen E G, Schaltegger S. Strategies in Sustainable Supply Chain Management: An Empirical Investigation of Large German Companies[J]. Corporate Social Responsibility & Environmental Management, 2013, 20(4): 205-218.

[51] Esfahbodi A, Zhang Y, Watson G. Sustainable supply chain management in

[52] Welford R, Frost S. Corporate social responsibility in Asian supply chains[J]. Eco-Management and Auditing, 2012, 13(3): 166-176.

[53] Chen I J, Paulraj A, Lado A A. Strategic purchasing, supply management, and firm performance[J]. Journal of Operations Management, 2004, 22(5): 505-523.

[54] Zhu Q, Sarkis J, Lai K H. Green supply chain management: pressures, practices and performance within the Chinese automobile industry[J]. Journal of Cleaner Production, 2007, 15(11): 1041-1052.

[55] Jr K W G, Zelbst P J, Meacham J, et al. Green supply chain management practices: impact on performance[J]. Supply Chain Management, 2012, 17(3): 290-305.

[56] Harms D, Hansen E G, Schaltegger S. Strategies in Sustainable Supply Chain Management: An Empirical Investigation of Large German Companies[J]. Corporate Social Responsibility & Environmental Management, 2013, 20(4): 205-218.

[57] Esfahbodi A, Zhang Y, Watson G. Sustainable supply chain management in emerging economies: Trade-offs between environmental and cost performance[J]. International Journal of Production Economics, 2016, 181: 350-366.

[58] Zhou Y W, Min J, Goyal S K. Supply-chain coordination under an inventory-level-dependent demand rate[J]. International Journal of Production Economics, 2008, 113(2): 518-527.

[59] Sila I, Ebrahimpour M, Birkholz C. Quality in supply chains: an empirical analysis[J]. Supply Chain Management, 2006, volume 11(6): 491-502.

[60] Abubakar T, Ambursa H M, Gopalakrishnan K, et al. Sustainable supply chain management: A case study of British Aerospace (BAe) Systems[J]. International Journal of Production Economics, 2012, 140(1): 193-203.

[61] Zailani S, Jeyaraman K, Vengadasan G, et al. Sustainable supply chain management (SSCM) in Malaysia: A survey[J]. International Journal of Production Economics, 2012, 140(1): 330-340.

[62] Natalia Yakovleva, Joseph Sarkis, Thomas Sloan. Sustainable benchmarking of

supply chains: the case of the food industry [J]. International Journal of Production Research, 2012, 50(5): 1297-1317.

[63] Kuo T C, Chen Y H, Dang H T H, et al. WITHDRAWN: The adoption of sustainable supply chain management practices in Taiwan and Vietnam[J]. Journal of Engineering and Technology Management, 2013: S0923474813000581.

[64] Zhu Q, Sarkis J. An inter-sectoral comparison of green supply chain management in China: Drivers and practices[J]. Journal of Cleaner Production, 2006, 14(5): 472-486.

[65] Testa F, Iraldo F. Shadows and lights of GSCM (Green Supply Chain Management): determinants and effects of these practices based on a multi-national study[J]. Journal of Cleaner Production, 2010, 18(10-11): 953-962.

[66] Ageron, B., Gunasekaran, A., Spalanzani, A., "Sustainable supply management: anempirical study", International Journal of Production Economics, 2011, 140(1): 168-182.

[67] Lee S Y, Klassen R D. Drivers and enablers that foster environmental management capabilities in small-and medium-sized suppliers in supply chains[J]. Production & Operations Management, 2010, 17(6): 573-586.

[68] Calantone R J, Cavusgil S T, Zhao Y. "Learning orientation, firm innovation PP capability, and firm performance", Industrial Marketing Management, 2002, 31: 515-524.

[69] Puigjaner L, Guillengosalbez G. Towards an integrated framework for supply chain management in the batch chemical process industry[J]. Computers & Chemical Engineering, 2008, 32(4): 650-670.

[70] Capaldi, Nicholas. Corporate social responsibility and the bottom line[J]. International Journal of Social Economics, 2005, 32(5): 408-423.

[71] Cantor D E, Corsi T M, Grimm C M. Safety Technology Adoption Patterns in the U.S. Motor Carrier Industry[J]. Transportation Journal, 2006, 45(3): 20-45.

[72] Brammer S, Walker H. Sustainable procurement in the public sector: An international comparative study[J]. International Journal of Operations & Production Management, 2011, 31(4): 452-476.

[73] Menguc B, Auh S. Creating a firm-level dynamic capability through capitalizing on market orientation and innovativeness[J]. Journal of the Academy of Marketing Science, 2006, 34(1): 63-73.

[74] Henriques I, Sadorsky P. Export-Led Growth or Growth-Driven Exports? The Canadian Case[J]. Canadian Journal of Economics, 1996, 29(3): 540-555.

[75] Kolln K, Prakash A. EMS-based Environmental Regimes as Club Goods: Examining Variations in Firm-level Adoption of ISO 14001 and EMAS in U.K. U.S. and Germany[J]. Policy Sciences, 2002, 35(1): 43-67.

[76] Trienekens J, Zuurbier P. Quality and safety standards in the food industry, developments and challenges[J]. International Journal of Production Economics, 2008, 113(1): 107-122.

[77] Fritz M, Schiefer G. Tracking, tracing, and business process interests in food commodities: A multi-level decision complexity[J]. International Journal of Production Economics, 2009, 117(2): 317-329.

[78] Akkerman, Meer V D, Donk V, et al. Make to stock and mix to order: Choosing intermediate products in the food-processing industry[J]. International Journal of Production Research, 2010, 48(12): 3475-3492.

[79] Wognum P M, Bremmers H, Trienekens J H, et al. Systems for sustainability and transparency of food supply chains—Current status and challenges[J]. Advanced Engineering Informatics, 2011, 25(1): 65-76.

[80] Regattieri A, Gamberi M, Manzini R. Traceability of food products: General framework and experimental evidence[J]. Journal of Food Engineering, 2007, 81(2): 347-356.

[81] Sood M, Sudarsono, Sihabudin, et al. The Supervision of Government on Implementation of Import of Processed Food Products in Effort of Legal Protection for Consumers[J]. Journal of Law Policy & Globalization, 2014.

[82] Xin M. Study on quality and safety supervision control system for food supply chain[C]// International Conference on Industrial Engineering & Engineering Management, 2009.

[83] Clegg B, Yi W. Managing enterprises and ERP systems: a contingency model

for the enterprization of operations[J]. International Journal of Operations & Production Management, 2013, 33(11-12): 1458-1489.

[84] Prokesch R W, Schima W, Schober E, et al. Complications of continuous ambulatory peritoneal dialysis: findings on MR peritoneography[J]. Ajr American Journal of Roentgenology, 2000, 174(4): 987.

[85] Kaipia R, Dukovska I, Loikkanen L. Creating sustainable fresh food supply chains through waste reduction[J]. International Journal of Physical Distribution & Logistics Management, 2013, 43(3): 262-276.

[86] Wu, Jia, Zhong, et al. Preparation and characterization of pullulan-chitosan and;pullulan-carboxymethyl chitosan blended films[J]. Food Hydrocolloids, 2013, 30(1): 82-91.

[87] Smith, Allen P, Gilchrist, et al. Effects of nest habitat, food, and parental behavior on shorebird nest success[J]. Condor, 2007, 109(1): 15-31.

[88] Gold S, Seuring S, Wilding R. Conducting content-analysis based literature reviews in supply chain management[C]// Annual Meeting of Chinese Management, 2013.

[89] Natalia Yakovleva, Joseph Sarkis, Thomas Sloan. Sustainable benchmarking of supply chains: the case of the food industry [J]. International Journal of Production Research, 2012, 50(5): 1297-1317.

[90] Chan H K, Wang X. Fuzzy Extent Analysis for Food Risk Assessment[M]// Fuzzy Hierarchical Model for Risk Assessment, 2013.

[91] Gimenez C, Sierra V. Sustainable supply chains: Governance mechanisms to greening suppliers. Journal of Business Ethics, 2013, 116: 189-203.

[92] Ting S L, Tse Y K, Ho G T S, et al. Mining logistics data to assure the quality in a sustainable food supply chain: A case in the red wine industry [J]. International Journal of Production Economics, 2014, 152(4): 200-209.

[93] Borghi A D, Gallo M, Strazza C, et al. An evaluation of environmental sustainability in the food industry through Life Cycle Assessment: the case study of tomato products supply chain [J]. Journal of Cleaner Production, 2014, 78: 121-130.

[94] Lu Y, Song S, Wang R, et al. Impacts of soil and water pollution on food safety and

health risks in China[J]. Environment International, 2015, 55(1): 5-15.

[95] Gibis M. Heterocyclic Aromatic Amines in Cooked Meat Products: Causes, Formation, Occurrence, and Risk Assessment[J]. Comprehensive Reviews in Food Science & Food Safety, 2016, 15(2): 269-302.

[96] Shuai Z, Shae Z Y, Zhang X, et al. Analysis and Modeling of Social Influence in High Performance Computing Workloads[C]// International Conference on Parallel Processing, 2011.

[97] Pagan R, Lake M. A while of life approach to sustainable food production[J]. Industry & Environment, 1999, 22(2-3): 13-17.

[98] Dang S, Chu L. Evaluation framework and verification for sustainable container management as reusable packaging [J]. Journal of Business Research, 2016, 69(5): 1949-1955.

[99] Hsu C, Zailani S H M, Tan K C, et al. The impact of external institutional drivers and internal strategy on environmental performance[J]. International Journal of Operations & Production Management, 2012, 32(6): 721-745.

[100] Meeks B S, Hendrick S S, Hendrick C. Communication, Love and Relationship Satisfaction: [J]. Journal of Social & Personal Relationships, 1998, 15(6): 755-773.

[101] Regattieri A, Gamberi M, Manzini R. Traceability of food products: General framework and experimental evidence [J]. Journal of food Engineering, 2007, 81(2): 347-356.

[102] Tse Y K, Tan K H, Managing product quality risk and visibility in multi-layer supply chain [J]. International Journal of Production Economics, 2012, 139 (1): 46-57.

[103] Akkerman R, Farahani P, Grunow M. Quality, safety and sustainability in food distribution: a review of quantitative operations management approaches and challenges [J]. OR Spectrum, 2010, 32(4): 863-904.

[104] Beske P, Land A, Seuring S. Sustainable supply chain management practices and dynamic capabilities in the food industry: A critical analysis of the literature [J]. International Journal of Production Economics, 2014, 152(6): 131-143.

[105] Smith G E, Watson K J, Baker W H, Pokorski J A. A critical balance: collaboration

and security in the IT-enabled supply chain [J]. International Journal of Production Research, 2007, 45(11): 2595-2613.

[106] Wu, G-C, Ding, J-H, Chen, P-S. The effects of GSCM drivers and institutional pressures on GSCM practices in Taiwan's textile and apparel industry [J].Int J Prod Econ, 2013(135), 618–636.

[107] Li F, Huo H, Yang X, et al. Comment on Tian et al.: Minimally invasive versus open transforaminal lumbar interbody fusion: a meta-analysis based on the current evidence[J]. European spine journal: official publication of the European Spine Society, the European Spinal Deformity Society, and the European Section of the Cervical Spine Research Society, 2014, 23(4): 927-8.

[108] Liu A, Niyongira. Chinese consumers food purchasing behaviors and awareness of food safety [J]. Food Control, 2017, 79: 185-191.

[109] Marco F, Paolo T. Corporate sustainability approaches and governance mechanisms in sustainable supply chain management [J]. Journal of cleaner Production, 2016(112): 1920-1933.

[110] Zhou H, Jr W C B. Supply chain practice and information sharing[J]. Journal of Operations Management, 2007, 25(6): 1348-1365.

[111] Gold S, Hanhn R, Seuring S. Sustainable supply chain management in "Base of the pyramid" food projects—A Path to triple bottom line approaches for multinationals [J]. International Business Review, 2013, 22 (5): 784-799.

[112] Giovanni P D, Vinizi V E. Covariance versus component-based estimations of performance in green supply chain management[J]. International Journal of Production Economics, 2012, 135(2): 907-916.

[113] Lippke B, Wilson J, Perezgarcia J, et al. CORRIM: life-cycle environmental performance of renewable building materials.[J]. Forest Products Journal, 2004, 54(6): 8-19.

[114] Waddock S A.The Corporate Social Performance—Financial Performance Link[J]. Strategic Management Journal, 2015, 18(4): 303-319.

[115] Best M N, Thapa B. Motives, facilitators and constraints of environmental management in the Caribbean accommodations sector[J]. Journal of Cleaner

Production, 2013, 52(4): 165-175.

［116］Drumwright M E. Socially Responsible Organizational Buying: Environmental Concern as a Noneconomic Buying Criterion[J]. Journal of Marketing, 1994, 58(3): 1-19.

［117］Dyllick T, Hockerts K. Beyond the business case for corporate sustainability[J]. Business Strategy and Environment, 2002, 11(2): 130-141.

［118］Bai C, Sarkis J. Integrating sustainability into supplier selection with grey system and rough set methodologies[J]. International Journal of Production Economics, 2010, 124: 252-264.

［119］Magnus Boström, Anna Maria Jönsson, Stewart Lockie, Arthur P J, Mol, Peter Oosterveer. Sustainable and responsible supply chain governance: challenges and opportunities [J]. Journal of Cleaner Production, 2015, 16(107): 1-7.

［120］Fritz M, Gerhard S. Tracking, Tracing, and business process interests in food commodities: A muti-level decision complexity [J]. International Journal of Production Economics, 2009(117): 317-329.

［121］Beske P, Land A, Seuring S. Sustainable supply chain management practices and dynamic capabilities in the food industry: A critical analysis of the literature [J]. International Journal of Production Economics, 2014, 152(6): 131-143.

［122］Chaabane A, Ramudhin A, Marc P. Designing and evaluating sustainable supply chains: a carbon market oriented approach [J]. IFAC Proceedings Volumes, 2009, 42(4): 2029-2034.

［123］Zanoni S, Zavanella L. Chilled or frozen? Decision strategies for sustainable food supply chains [J]. International Journal of Production Economics, 2012, 140(2): 731-736.

［124］Babu J M, Ting C, Patriya T, Nadia P. Influences of firm orientations on sustainable supply chain management [J]. Journal of Business Research, 2016, 69 (9): 3406-3414.

［125］Sakis J. Manufacturing's role in corporate environmental sustainability [J]. International Journal of Operation & Production Management, 2001(21): 666-686.

［126］Srivastava S K."Green supply-chain management: a state-of-the-art literature review", International Journal of Management Reviews, 2007, 9 (1): 53-80.

[127] Carter C R, Rogers D S. A framework of sustainable supply chain management: moving toward new theory [J]. International Journal of Physical Distribution and Logistics Management, 2008, 38(5): 360-387.

[128] Melo J, Andrew P W, Faleiro M L. Listeria monocytogenes in cheese and the dairy environment remains a food safety challenge: The role of stress responses [J]. Food Research International, 2015, 67: 75-90.

[129] Trienekens J, Zuurbier P. Quality and safety standards in the food industry, developments and challenges[J]. International Journal of Production Economics, 2008, 113(1): 107-122.

[130] Wognum P W, Bremmers H, Trienekens J H, et al. Systems for sustainability and transparency of food supply chains—current status and challenges [J]. Advanced Engineering Informatics, 2011, 25(1): 65-76.

[131] Prokesch S. The sustainable supply chain [J]. Harvard Business Review, 2010, 88(10): 70-72.

[132] Philip Beske, Stefan Seuring. Putting sustainability into supply chain management[J].Supply Chain Management: An International Journal, 2014, 19 (33): 322-331.

[133] Adele Coppola, Sara Ianuario. Environmental and social sustainability in Producer Organizations' strategies[J]. British Food Journal, 2017, 119 (8): 1732-1747.

[134] Bruno S, Siverstre. Sustainable supply chain management in emerging economies: Environmental turbulence, institutional voids and sustainability trajectories [J]. Food Control, 2015(167): 156-169.

[135] Harms D, Hansen E G, Schaltegger S. Strategies in Sustainable Supply Chain Management: An Empirical Investigation of Large German Companies[J]. Corporate Social Responsibility & Environmental Management, 2013, 20(4): 205-218.

[136] Lee J S H, Abood, Sinan, et al. Environmental Impacts of Large-Scale Oil Palm Enterprises Exceed that of Smallholdings in Indonesia[J]. Conservation Letters, 2014, 7(1): 25-33.

[137] Akhtar P, Ying K T, Khan Z, et al. Data-driven and adaptive leadership contributing to sustainability: global agri-food supply chains connected with emerging markets [J]. International Journal of Production Economics, 2016, 181: 392-401.

[138] Carvalho, Fernando P. Pesticides, environment, and food safety[J]. Food & Energy Security, 2017, 6(2): 48-60.

[139] Roth A V, et al. Unraveling the food supply chain: strategic insights from China and the (2007) recalls. Journal of Supply Chain Management, 2008. 44 (1): 22–39.

[140] Dadhich P, Genovese A, Kumar N, et al. Developing sustainable supply chains in the UK construction industry: A case study[J]. International Journal of Production Economics, 2015, 164: 271-284.

[141] Borghi A D, Gallo M, Strazza C, et al. An evaluation of environmental sustainability in the food industry through Life Cycle Assessment: the case study of tomato products supply chain [J]. Journal of Cleaner Production, 2014, 78: 121-130.

[142] Wan N K, Rezaei J. Influence of external forces on supply chain sustainability goals and decisions in the oil and gas industry[C]// International Conference on Engineering, Technology and Innovation. IEEE, 2015: 1-9.

[143] Jiang Q, Zhu, Ying. Confronting the crisis of food safety and revitalizing companies: social responsibility in the People's Republic of China[J]. Asia Pacific Business Review, 2013, 19(4): 600-616.

[144] Sawe C T, Onyango C M, Njage P M K . Current food safety management systems in fresh produce exporting industry are associated with lower performance due to context riskiness: Case study[J]. Food Control, 2014, 40: 335-343.

[145] Peršić M, Bakija K, Dubravka V. Corporate social responsibility reporting in accordance with the new EU legislation - Are Croatian hotel companies ready for it[J]. Social Science Electronic Publishing, 2015.

[146] Liston-Heyes C, Ceton G C. Corporate Social Performance and Politics[J]. Journal of Corporate Citizenship, 2007(25): 95-108.

[147] Gary Lynch-Wood, Williamson D. The Social Licence as a Form of Regulation for Small and Medium Enterprises[J]. Journal of Law & Society, 2010, 34(3): 321-

341.

[148] Qiang Q, Ke, Anderson, et al. The closed-loop supply chain network with competition, distribution channel investment, and uncertainties[J]. Omega, 2013, 41(2): 186-194.

[149] Yang Y. Studying of Government's Incentive Policies for Reducing the Enterprises' Emissions in the Perspective of Recycle Economy[J]. Meteorological and Environmental Research, 2014, 1982(8): 48-50.

[150] Eichner T, Pethig, Rüdiger. International carbon emissions trading and strategic incentives to subsidize green energy[J]. Resource & Energy Economics, 2014, 36(2): 469-486.

[151] Yong L I, Xi Z, Ruo-Jun T, et al. Establishment of traceability and supervision system for import and export products and its application on import food supervision[J]. Journal of Food Safety & Quality, 2015.

[152] Yang, Guobin. Contesting Food Safety in the Chinese Media: Between Hegemony and Counter-Hegemony[J]. China Quarterly, 2013, 214(214): 337-355.

[153] Yajie, WANG, Bing, et al. The Application of Big data Mining in Risk Warning for Food Safety[J]. Asian Agricultural Research, 2015(8): 83-86.

[154] Haverkamp D J, Bremmers H J, Omta S W F. Organizational determinants for the development of environmental management in the Dutch agri-food industry[J]. Toxicon, 2005, 24(7): 742.

[155] Hu D. On the Twain Food Supply Chain in China—Impact of Supermarket Development on Agricultural Sector and Agrifood Safety in China[J]. General Information, 2006.

[156] López-Iturriaga F J, Óscar López-de-Foronda. Corporate Social Responsibility and Large Shareholders: An Analysis of European Firms[J]. Social Science Electronic Publishing, 2009.

[157] Shi, Bin. An Empirical Study on Small Enterprises E-Commerce Adoption Decision Based on TAM Model & TOE Framework[J]. Advanced Materials Research, 2013, 712-715(3): 2521-2524.

[158] Kolmer C. Asymmetric Perceptions of the Economy: Media, Firms, Consumers,

and Experts[J]. Dirk Ulbricht, 2015.

[159] Petró-Turza M. Institutions Involved in Food Safety: International Organization for Standardization (ISO)[J]. Encyclopedia of Food Safety, 2014, 21(May): 379-383.

[160] Turi A, Goncalves, Gilles, et al. Challenges and Competitiveness Indicators for the Sustainable Development of the Supply Chain in Food Industry[J]. Procedia—Social and Behavioral Sciences, 2014, 124: 133-141.

[161] Marylyn Carrigan, Jordon Lazell, Carmela Bosangit, et al. Burgers for tourists who give a damn! Driving disruptive social change upstream and downstream in the tourist food supply chain[J]. Journal of Sustainable Tourism, 2017.

[162] Vachon S, Klassen R D. Extending Green Practices Across the Supply Chain: The Impact of Upstream and Downstream Integration[J]. International Journal of Operations & Production Management, 2006, 26(7): 795-821.

[163] Dipasquale J, McInerney, Claire R. Knowledge Management in Small and Medium-Sized Enterprises[J]. Journal of Information & Knowledge Management, 2006.

[164] Teixeira, Adriano A, Chiappetta J, et al. Green training and green supply chain management: evidence from Brazilian firms[J]. Journal of Cleaner Production, 2016, 116(10): 170-176.

[165] Shradha A G, Sachin K, Rakesh R. An investigation of the relationship between supply chain management practices (SCMP) on supply chain performance measurement (SCPM) of Indian retail chain using SEM[J]. Benchmarking: An International Journal, 2017, 24(1): 257 – 295.

[166] Philip B, Stefan S. Putting sustainability into supply chain management, Supply Chain Management[J]. An International Journal, 2014, 19(3): 322 - 331.

[167] Coppola A, Ianuario S. Environmental and social sustainability in producer organizations' strategies[J]. British Food Journal, 2017, 119(5): 00-00.

[168] Hong J, Zhang Y, Ding M. Sustainable supply chain management practices, supply chain dynamic capabilities, and enterprise performance[J]. Journal of Cleaner Production, 2018.

[169] Golicic, Susan L, Smith C D. A Meta—Analysis of Environmentally Sustainable

Supply Chain Management Practices and Firm Performance[J]. Journal of Supply Chain Management, 2013, 49(2): 78-95.

[170] Griffith C J. Are we making the most of food safety inspections: A glimpse into the future[J]. British Food Journal, 2005, 107(3): 132-139.

[171] Lee K M, Runyon M, Herrman T J, et al. Review of Salmonella detection and identification methods: Aspects of rapid emergency response and food safety[J]. Food Control, 2015, 47: 264-276.

[172] Bosona T, Gebresenbet G. Food traceability as an integral part of logistics management in food and agricultural supply chain[J]. Food Control, 2013, 33(1): 32-48.

[173] Marotta, Giuseppe, Nazzaro, Concetta. Social Responsibility and Competitiveness Strategies of Agri-food Enterprises: A Theoretical and Methodological Approach[C]// International European Forum, February, Innsbruck-igls, Austria, 2012.

[174] Tang Y, Wang, Xiucun, Lu, Pingping. Chinese consumer attitude and purchase intent towards green products[J]. Asia-Pacific Journal of Business Administration, 2014, 6(2): 84-96.

[175] Seyfang G. The New Economics of Sustainable Consumption[M]. 2008.

[176] Warde A. Notes on the Relationship between Production and Consumption[M]// Consumption and Class. Palgrave Macmillan UK, 1992.

[177] 朱庆华. 绿色供应链管理动力/压力影响模型实证研究[J]. 大连理工大学学报(社会科学版), 2008, 29(2): 6-12.

[178] 齐晔, 蔡琴. 可持续发展理论三项进展[J]. 中国人口·资源与环境, 2010, 20(4): 110-116.

[179] 文富德. 世界经济全球化趋势与发展中国家经济发展[J]. 世界经济与政治论坛, 1998(4): 4-7.

[180] 田雪原. "21世纪初中国面临的重大理论与对策问题"选题(选登之五)——选题25: 中国人口老龄化对经济、社会发展的影响及对策研究[J]. 社会科学管理与评论, 2003(2): 28-28.

[181] 谢琍, 王婷, 戴君. 可持续供应链管理实践对企业绩效的影响: 基于中国的实

证研究 [J]. 数理统计与管理, 2017, 36(4): 693-702.

[182] 闫高杰. 基于三重底线的可持续供应链管理研究 [J]. 物流技术, 2009, 28(3): 114-116.

[183] 但斌, 刘飞, 黄河. 面向网络化制造的虚拟供应链研究 [C]// 国际机械工程学术会议, 2000.

[184] 蒋洪伟, 韩文秀. 绿色供应链管理: 企业经营管理的趋势 [J]. 中国人口·资源与环境, 2000(4): 90-92.

[185] 王能民, 杨彤. 绿色供应链的协调机制探讨 [J]. 企业经济, 2006(5): 13-15.

[186] 陈傲. 国内企业实施绿色供应链管理的障碍及对策研究 [J]. 经济问题探索, 2006(6): 99-102.

[187] 张玲燕. 基于食品供应链管理的食品安全问题分析 [J]. 管理观察, 2014(15): 45-45.

[188] 曹小琳, 晏永刚. 绿色供应链管理与建筑业可持续发展 [J]. 经济管理, 2006(17): 81-83.

[189] 许建, 田宇. 基于可持续供应链管理的企业社会责任风险评价 [J]. 中国管理科学, 2014(S1): 396-403.

[190] 肖序, 曾辉祥. 可持续供应链管理与循环经济能力: 基于制度压力视角 [J]. 系统工程理论与实践, 2017, 37(7): 1793-1804.

[191] 罗定提, 王易军. 绿色供应链管理研究现状分析 [J]. 湖南工业大学学报 (社会科学版), 2011, 16(3): 1-6.

[192] 李文君, 王海兵. 基于绿色供应链管理的企业社会责任内部控制研究 [J]. 会计之友, 2017(16): 97-102.

[193] 鞠芳辉, 谢子远, 黄文军. 可持续供应链的动态能力——一个理论分析框架 [J]. 浙江万里学院学报, 2014, 27(01): 15-26.

[194] 高凤莲. 供应链管理中的企业社会责任研究 [J]. 工业技术经济, 2006, 25(7): 26-28.

[195] 刘婷, 张丹. 论社会责任担当提升企业竞争力的伦理作用 [J]. 伦理学研究, 2011(4): 56-60.

[196] 何贤杰, 肖土盛, 陈信元. 企业社会责任信息披露与公司融资约束 [J]. 财经研究, 2012(8): 61-72+84.

[197] 叶思妤，宋平. 中国企业社会责任的战略思考 [J]. 中国市场，2014(33): 79-80.

[198] 李保京，姜启军. 基于核心企业的食品供应链社会责任管理分析 [J]. 中国农学通报，2013(24): 216-220.

[199] 姜启军，胡珂. 基于核心企业的乳制品供应链食品安全诚信管理研究 [J]. 中国乳品工业，2017(4): 51-55.

[200] 余博. 提升我国企业绿色竞争力的战略思考 [J]. 国际技术经济研究，2007(2): 14-19.

[201] 詹小颖. 我国绿色金融发展的实践与制度创新 [J]. 宏观经济管理，2018(1): 41-48.

[202] 张玲. 基于TOE框架的食品企业可持续供应链管理研究 [J]. 食品安全导刊，2018(33).

[203] 廖志. 食品工业十大发展趋势 [J]. 食品与生活，2000(4): 54.

[204] 朱庆华，曲英. 中国制造企业绿色供应链管理实践统计分析 [J]. 管理科学，2005, 18(2): 2-7.

[205] 张劲松，熊青，闫明浩. 绿色供应链管理中低碳经济压力与企业绩效关系研究 [J]. 物流工程与管理，2018(1): 78-82.

[206] 秦奕莹. 低碳旅游公共政策支持研究 [D]. 长沙：湖南大学，2009.

[207] 马晓辉. 政府扶持资金运行的公共政策问题分析及对策初探 [J]. 法制与社会，2009(14): 195-196.

[208] 杜微. 可持续供应链驱动因素及对环境绩效影响的实证研究 [D]. 沈阳：沈阳航空航天大学，2016.

[209] 谢珂，戴君. 基于供应链关系管理的中国第三方物流整合实证研究 [J]. 数理统计与管理，2014, (1): 97-109.

[210] 潘文安. 基于需求不确定性的供应链库存控制研究 [J]. 武汉理工大学学报(社会科学版)，2004, 17(6): 698-702.

[211] 李汉卿，夏齐. 大数据在供应链与物流领域的实践研究 [J]. 物流工程与管理，2018, 40(2): 15-17.

[212] 陈志松，潘晶，方莉. 联合库存管理模式下考虑公平关切的供应链协调研究 [J]. 河海大学学报(哲学社会科学版)，2018, 20(4): 81-89+99.

[213] 李龙熙. 对可持续发展理论的诠释与解析 [J]. 行政与法，2005(1): 3-7.

[214] 叶思妤,宋平.中国企业社会责任的战略思考[J].中国市场,2014(33): 79-80.

[215] 朱庆华,耿勇.企业绿色供应链管理实践与绩效关系统计分析[J].数理统计与管理,2005(5): 17-23.

[216] 刘广明,尤晓娜.论食品安全治理的消费者参与及其机制构建[J].消费经济,2011(3): 69-73.

[217] 陈远高.供应链社会责任的概念内涵与动力机制[J].技术经济与管理研究,2015(1): 78-81.

[218] 李昊,程大友.粮食可持续供应链的驱动因素研究[J].物流科技,2017, 40(9): 118-121.

[219] 计国君,杨光勇.顾客体验之于新产品供应链协调的影响[J].管理科学学报,2011, 14(11).

[220] 李艳波,刘松先.食品安全供应链中政府主管部门与食品企业的博弈分析[J].工业工程,2007, 10(1): 35-38.

[221] 唐钧,李丹婷.我国食品安全管理:特征、根源与政策建议[J].探索,2008(6): 74-78.

[222] 思雨.用"大棒"和"胡萝卜"治理食品安全[J].中国食品,2016, 695(7): 32-34.

[223] 白丽,马成林,巩顺龙.中国食品企业实施HACCP食品安全管理体系的实证研究[J].食品工业科技,2005, 26(9).

[224] 陈博文,潘朝思,高彦生,等.美国食品保护和进口食品监管新动向与我国对策建议[J].食品科学,2008, 29(11): 685-688.

[225] 王建华,葛佳烨,朱湄.食品安全风险社会共治的现实困境及其治理逻辑[J].社会科学研究,2016(6): 111-117.

[226] 丁煌,孙文.从行政监管到社会共治:食品安全监管的体制突破——基于网络分析的视角[J].江苏行政学院学报,2014(1): 109-115.

[227] 赫威.我国食品供应链流通体系存在的问题与应对策略[J].商业经济研究,2012(14): 39-40.

[228] 李翔.中国食品安全现状与食品质量管理问题思考[J].食品界,2017(7): 27-27.

[229] 王名,蔡志鸿,王春婷.社会共治:多元主体共同治理的实践探索与制度创新

[J]. 中国行政管理, 2014(12).

[230] 李洪峰. 我国食品安全社会共治中公众参与主体的界定 [J]. 食品工业科技, 2016, 37(17): 34-36.

[231] 费威. 食品供应链回收环节的安全问题及监管对策 [J]. 宏观经济研究, 2015(2): 3-9.

[232] 陈超, 罗英姿. 创建中国肉类加工食品供应链模型的构想 [J]. 南京农业大学学报, 2003, 26(1): 89-92.

[233] 张春勋, 刘伟, 李录青. 食品供应链中企业与农户短期合作交易契约设计 [J]. 管理学报, 2010, 7(2): 243.

[234] 王中亮, 朱亚兵. 食品供应链安全管理的问题及途径 [J]. 商业经济, 2014(20): 11-14.

[235] 武力. 基于供应链的食品安全风险控制模式研究 [J]. 食品与发酵工业, 2010(8): 132-135.

[236] 闫云凤, 杨来科. 中国食品大企业的可持续发展研究 [J]. 当代经济管理, 2009, 31(1): 26-30.

[237] 姚丽娟. 论中国食品安全与食品企业法律责任规制 [J]. 沈阳农业大学学报(社会科学版), 2016, 18(06): 670-675.

[238] 顾君妍. 食品企业履行社会责任对公司绩效的影响研究 [D]. 苏州：苏州大学, 2016.

[239] 赵越春. 食品企业社会责任行为表现评价及消费者响应 [D]. 南京：南京农业大学, 2013.

[240] 刘丽琴. M 公司绿色供应链管理研究 [D]. 北京：北京交通大学, 2013.

[241] 张荣杰, 张健. 可持续供应链管理研究现状综述 [J]. 生态经济, 2012(01): 90-93+97.

[242] 姜启军. 基于社会责任的食品质量安全管理与控制分析 [J]. 德州学院学报, 2011, 27(05): 35-39.

[243] 王波, 申成霖. 绿色供应链管理研究概述 [J]. 西北农林科技大学学报, 2004, 4(4): 95-99.

[244] 鞠芳辉, 谢子远, 黄文军. 可持续供应链的动态能力——一个理论分析框架 [J]. 浙江万里学院学报, 2014, 27(01): 15-26.

[245] 陈远高. 供应链社会责任的概念内涵与动力机制 [J]. 技术经济与管理研究, 2015(01): 75-78.

[246] 但斌, 刘飞. 绿色供应链及其体系结构研究 [J]. 中国机械工程, 2000(11): 40-42.

[247] 李文君, 王海兵. 基于绿色供应链管理的企业社会责任内部控制研究 [J]. 会计之友, 2017(16): 97-102.

[248] 李艳波, 李松先. 食品安全供应链中政府主管部门与食品企业的博弈分析 [J]. 工业工程, 2007, 10(1): 35-38.

[249] 唐钧, 李丹婷. 我国食品安全管理: 特征、根源与政策建议 [J]. 探索, 2008, 6: 74-78.

[250] 于欢, 黄启新. 社会责任: 食品企业危机管理的核心 [J]. 企业经济, 2006, 5: 96-98.

[251] 张红霞, 安玉发. 食品生产企业食品安全风险来源及防范策略 [J]. 经济问题, 2013, 5: 73-76.

[252] 王婷. 可持续供应链管理实践与企业绩效研究 [D]. 北京: 对外经济贸易大学, 2016.

[253] 戴君. 中国企业可持续供应链管理 [D]. 北京: 对外经济贸易大学, 2015.

[254] 吕晓莲, 贾建会, 王熊, 等. 我国食品企业应尽快建立 HACCP 体系 [J]. 食品科学, 2002, 23(7): 141-144.

[255] 徐婧婷, 王云华, 沈楠, 等. 我国中小型食品企业安全生产管理现状与对策 [J]. 保鲜与加工, 2015(2): 73-76.

[256] 贺彩虹, 周鲜成. 可持续供应链管理的驱动与制约因素 [J]. 湖南社会科学, 2013(1): 131-135.

[257] 刘琳. 食品安全的社会监督研究 [D]. 长沙: 中南大学, 2009.

[258] 荆树伟, 刘泽岩, 阎俊爱, 等. 基于广域价值流的大型制造企业供应链管理机制优化研究 [J]. 科技管理研究, 2017, 37(11): 112-116.

[259] 雷晓昕. 企业新闻宣传对企业发展的重要性分析 [J]. 企业改革与管理, 2016(12).

[260] 邓新明, 龙贤义, 刘禹, 等. 善行必定有善报吗——消费者抵制企业社会责任行为的内在机理研究 [J]. 南开管理评论, 2017(6): 129-139.

[261] 杨道广,陈汉文,刘启亮.媒体压力与企业创新[J].经济研究,2017(08): 127-141.

[262] 王雨,郑大庆,黄林,等.企业社会化媒体的内涵、特征及研究趋势[J].科技管理研究,2019,39(01): 263-272.

[263] 倪义宝.生态化技术创新成功的标准与可持续发展[J].经济研究导刊,2009(36): 191-193.

[264] 沈岿.食品安全企业标准备案的定位与走向[J].现代法学,2016,38(4): 49-59.

[265] 谢珂,王婷,戴君.可持续供应链管理实践对企业绩效的影响:基于中国的实证研究[J].数理统计与管理,2017,36(4): 693-702.

[266] 周会敏,帅传敏,程欣.中国食品产业集群可持续发展潜力的综合评价[J].统计与决策,2015(7): 48-51.

[267] 许正良,刘娜.基于持续发展的企业社会责任与企业战略目标管理融合研究[J].中国工业经济,2008(9): 129-140.

[268] 邓彬.加快绿色食品产业发展,推进农业标准化建设[J].粮食问题研究,2004(4): 50-52.

[269] 靖飞,俞立平.中国食品工业技术效率和技术进步——基于各省份主要农产品产量的视角[J].中国农村经济,2009(9): 48-55.

[270] 万宇平.快速检测技术在食品安全监管中的应用及发展新方向[J].北京工商大学学报(自然科学版),2011,29(4): 1-5.

[271] 周世生,肖克思,巩科一.食品安全快速检测技术的发展[J].中国色谱杂志,2011,29(7): 580-586.

[272] 陈雨萌.中国食品安全监管中行政法的规制研究[J].食品与机械,2016(8): 227-229.

[273] 肖静,刘子玉,李北伟.基于RFID的食品供应链追溯管理系统研究[J].农机化研究,2012,34(2): 187-190.

[274] 钱玉文.消费者权的经济法表达——兼论对《民法典》编纂的启示[J].法商研究,2017(1): 143-152.

[275] 赵静雯,杨洪林.基于低碳行为和消费者监督的农产品供应链政企博弈分析[J].广西社会科学,2015(9): 85-91.

[276] 文晓巍,李慧良.消费者对可追溯食品的购买与监督意愿分析——以肉鸡为

例 [J]. 中国农村经济, 2012(5): 41-52.

[277] Young C, Hwang K, McDonald S, 等. 可持续消费: 购买产品时的绿色消费行为 [J]. 可持续发展, 2010, 18(1): 20-31.

[278] 郭跃进, 张迎迎, 赵海艳. 企业社会责任中自我调节的有效性——基于同行业企业与消费者关系的博弈分析 [J]. 软科学, 2014, 28(9): 78-81.

[279] 杨秋玲, 李剑南, 王绍洪, 等. 企业实施可持续供应链管理影响因素研究 [J]. 软科学, 2017(9): 120-123.

[280] 贺爱忠, 洪礼敏. 零售商店环境可持续行为对消费者商店支持的影响研究 [J]. 商业经济与管理, 2017(2): 14-24.

[281] 贺彩虹, 周鲜成. 可持续供应链管理的驱动和制约因素 [J]. 湖南社会科学, 2013(1): 131-135.

附录 1

食品企业可持续供应链管理实施情况的调研访谈提纲

（1）贵公司的可持续供应链管理已经实施了多长时间？

（2）贵公司可持续供应链管理实践活动是在整个公司范围内实施的吗？如不是，是在哪个范围实施的、由哪个部门负责？

（3）贵公司针对可持续供应链管理开展了哪些实践活动？

（4）您觉得哪些驱动因素可以促使贵公司开展可持续供应链管理实践活动？

（5）您觉得贵公司开展可持续供应链管理的障碍或制约因素有哪些？

（6）展望未来 3～5 年，您如何看待企业可持续供应链管理实践？该管理实践在贵公司是否会得到进一步加强？

附录 2
食品企业可持续供应链管理实践相关情况的问卷调查

尊敬的女士/先生：

感谢您在百忙之中参与"可持续供应链管理与食品安全治理研究"的问卷调查！当前食品安全问题已成为关乎国计民生的热点问题，从食品企业的角度出发，加强其自身供应链管理并与供应链上下游企业开展合作，共同提高食品安全水平，将为我国治理食品安全问题提供新的思路与方法。可持续供应链管理是当前供应链管理的新趋势，指在传统的供应链管理中融入社会责任管理与环境保护等实践，以实现企业经济、环境和社会整体效益的最大化，从而促进企业的长远发展，使可持续供应链管理的理念逐渐被企业所接受。此次问卷调查的目的是了解我国当前食品企业实施可持续供应链管理的现状，以及可持续供应链管理与企业绩效、企业食品安全水平之间的影响关系，从而进一步给出企业实施可持续供应链管理的建议，以期促进企业食品安全水平的提升，同时提高其在经济、社会和环境方面的绩效。

本调查由国家社会科学基金项目支持。我们诚挚地邀请您参与这项研究并接受我们的问卷调查。本问卷的所有问题均针对食品企业业务单元和与其相关的供应链上下游企业。根据不同企业的组织结构，业务单元可能是一整家食品公司，或者是公司内的一个食品业务部门。请您针对您最熟悉的业务单元并按照贵公司的实际情况回答问题。如果无法提供具体数据，请做出最接近的估计。

在此郑重声明，我们采集的信息将仅为研究使用，不用作任何商业目的，我们将对这些信息与其他来源的资料进行综合分析，保证不针对个别企业，并郑重承诺对本问卷所涉及的企业信息严格保密。如果贵公司需要，我们可以将研究成果报告寄给贵公司，以供贵公司做决策参考。

A. 公司概况

A1. 贵公司所有权的性质是：

［a］国有　　　［b］民营　　　［c］中外合资　　　［d］外商独资

［e］其他：_____

A2.

a. 贵公司的全职员工总数是：

［a］<100人　　　　［b］100～499人　　　［c］500～999人

［d］1 000～4 999人　　［e］5 000人及以上

b. 贵公司在中国的经营年数为____年。

c. 贵公司的注册资本是：

［a］不超过100万元　　　　　［b］100万（含）～500万元

［c］500万（含）～1 000万元　　［d］1 000万（含）～5 000万元

［e］5 000万（含）～1亿元　　　［f］1亿（含）～3亿元

［g］3亿元及以上

d. 2015年贵公司的年度总销售额为：

［a］不超过100万元　　　　　［b］100万（含）～500万元

［c］500万（含）～1 000万元　　［d］1 000万（含）～5 000万元

［e］5 000万（含）～1亿元　　　［f］1亿（含）～3亿元

［g］3亿元及以上

A3. 贵公司所属的食品行业类型是：

［a］畜产品行业：［1］肉制品　［2］乳制品　［3］蛋品

［b］发酵制品行业：［1］调味品　［2］酒类

［c］粮食行业

［d］粮油制品行业：［1］烘焙业　［2］油脂业

［e］水产品行业　　　　［f］果蔬行业　　　　［g］饮料行业

［h］食品添加剂行业　　［i］糖果行业　　　　［j］保健食品行业

［k］其他食品行业：［1］休闲食品　［2］餐饮　［3］速冻食品

　　　　　　　　　［4］罐头　［5］方便食品制造

B. 贵公司实施可持续供应链管理的基本情况

B1. 贵公司是否实施可持续供应链管理：

［a］否　［b］是

实施的时间是_____。

［a］不超过1年　　　　　　［b］1年（含）~3年

［c］3年（含）~5年　　　　［d］5年及以上

B2. 贵公司是否获得食品安全管理体系认证（如ISO22000等国际或国内体系认证）？

［a］否　　　［b］是

B3. 贵公司是否获得环境管理体系认证（如ISO14001等国际或国内体系认证）？

［a］否　　　［b］是

B4. 贵公司是否获得社会责任管理体系认证（如SA8000等国际或国内体系认证）？

［a］否　　　［b］是

B5. 贵公司是否对员工进行食品安全管理相关培训?

[a] 从不　　　[b] 有时　　　[c] 经常

B6. 贵公司是否对员工进行企业环境管理相关培训?

[a] 从不　　　[b] 有时　　　[c] 经常

B7. 贵公司是否对员工进行企业社会责任相关培训?

[a] 从不　　　[b] 有时　　　[c] 经常

C. 贵公司内部社会责任管理和内部环境管理的情况

C1. 以下是有关贵公司**食品安全相关认证**的情况，请对陈述项目表明您的同意程度。

陈述项目	非常 不同意						非常 同意
1. 我们各项经营活动均严格遵守国家食品安全相关法律法规	1	2	3	4	5	6	7
2. 我们实施了食品安全管理体系（如 ISO22000）	1	2	3	4	5	6	7
3. 我们实施了 ISO9001 质量管理体系	1	2	3	4	5	6	7
4. 我们在食品安全项目的基础上实施了 HACCP 认证	1	2	3	4	5	6	7

C2. 以下是有关贵公司**产业链品质提升**的情况，请对陈述项目表明您的同意程度。

陈述项目	非常 不同意						非常 同意
1. 我们建立健全了食品安全追溯和预警体系	1	2	3	4	5	6	7
2. 我们强调全产业链对食品安全的重要性	1	2	3	4	5	6	7
3. 我们的全产业链模式能够使上下游形成一个利益共同体	1	2	3	4	5	6	7
4. 我们产业链上的所有环节都以可持续发展为导向	1	2	3	4	5	6	7

C3. 以下是有关贵公司**技术创新与绿色安全产品研发**的情况,请对陈述项目表明您的同意程度。

陈述项目	非常 不同意						非常 同意
1. 我们不断进行食品安全生产、加工及检测等技术的创新	1	2	3	4	5	6	7
2. 我们拥有自主创新的食品安全设备	1	2	3	4	5	6	7
3. 我们的原料种植过程绿色环保、合理施肥,不会造成土壤污染,不会破坏生态环境	1	2	3	4	5	6	7
4. 我们能够在食品生产加工过程中减少污染物排放	1	2	3	4	5	6	7
5. 我们在食品生产加工过程中严格按照国家规定使用食品添加剂	1	2	3	4	5	6	7

C4. 以下是有关贵公司**员工培训与组织关怀**的情况,请对陈述项目表明您的同意程度。

陈述项目	非常 不同意						非常 同意
1. 我们严格遵守劳动法规,不雇用童工,员工工作时间符合法律规定	1	2	3	4	5	6	7
2. 我们为员工提供食品安全知识培训	1	2	3	4	5	6	7
3. 我们为员工购买本企业产品提供优惠	1	2	3	4	5	6	7
4. 我们为员工支付的工资不低于当地最低工资标准	1	2	3	4	5	6	7

C5. 以下是有关贵公司**社会公益与消费者责任**的情况，请对陈述项目表明您的同意程度。

陈述项目	非常 不同意						非常 同意
1. 我们定期发布社会责任报告	1	2	3	4	5	6	7
2. 我们经常组织食品安全公益宣传活动	1	2	3	4	5	6	7
3. 我们经常向慈善组织捐赠财物	1	2	3	4	5	6	7
4. 我们经常参加本地区的公益活动	1	2	3	4	5	6	7

C6. 以下是有关贵公司**环境管理认证**的情况，请对陈述项目表明您的同意程度。

陈述项目	非常 不同意						非常 同意
1. 我们主动制定环境管理体系并履行环境管理承诺	1	2	3	4	5	6	7
2. 我们将环境管理体系视为一个组织框架，对其不断监测，并进行定期评审	1	2	3	4	5	6	7
3. 我们采用清洁生产技术对产品进行包装	1	2	3	4	5	6	7
4. 我们实施了ISO14001环境管理体系认证	1	2	3	4	5	6	7

C7. 以下是有关贵公司**改进工艺与节能减排**的情况，请对陈述项目表明您的同意程度。

陈述项目	非常 不同意						非常 同意
1. 我们可以通过食品标准技术指标参数判定生产工艺的优劣	1	2	3	4	5	6	7
2. 我们主动淘汰技术落后、污染环境、资源利用效率比较低的工艺	1	2	3	4	5	6	7
3. 我们会引进一些节能减排的先进设备和装置	1	2	3	4	5	6	7

(续表)

陈述项目	非常不同意						非常同意
4. 我们利用现代信息处理技术对企业的生产经营全过程进行精细的控制	1	2	3	4	5	6	7
5. 我们与节能服务公司合作,进行合同能源管理	1	2	3	4	5	6	7

C8. 以下是有关贵公司**清洁生产**的情况,请对陈述项目表明您的同意程度。

陈述项目	非常不同意						非常同意
1. 我们对生产过程与产品采取整体预防的环境策略	1	2	3	4	5	6	7
2. 针对生产过程,我们要求节约原材料与能源	1	2	3	4	5	6	7
3. 我们会主动减少从原材料提炼到产品最终处置全生命周期的不利影响	1	2	3	4	5	6	7
4. 我们会以不危害人体健康和生态环境为主导因素来考虑产品的制造方法与过程	1	2	3	4	5	6	7

C9. 以下是有关贵公司**能源与水资源治理**的情况,请对陈述项目表明您的同意程度。

陈述项目	非常不同意						非常同意
1. 我们会主动进行新能源产业的转型升级	1	2	3	4	5	6	7
2. 针对生产过程,我们要求淘汰有毒原材料	1	2	3	4	5	6	7
3. 我们会强化环保科技服务,将各类污染治理的先进技术引入企业	1	2	3	4	5	6	7
4. 我们会与供应链上下游企业进行水资源管理和治理的合作	1	2	3	4	5	6	7

C10. 以下是有关贵公司**绿色包装与包装回收**的情况，请对陈述项目表明您的同意程度。

陈述项目	非常 不同意					非常 同意
1. 我们的产品包装利用可再生或可回收材料	1	2	3	4	5	6	7
2. 我们的产品包装标注信息符合国家食品安全管理标准	1	2	3	4	5	6	7
3. 我们采用清洁生产技术优化产品的包装设计	1	2	3	4	5	6	7
4. 我们尽量减少产品包装材料的使用量	1	2	3	4	5	6	7

D. 贵公司对供应链上下游企业的管理情况

D1. 以下是有关贵公司**供应商与零售商准入机制**的情况，请对陈述项目表明您的同意程度。

陈述项目	非常 不同意					非常 同意
1. 我们通过加强对新供应商的准入管理，让具备优秀潜质的供应商进入公司供货体系	1	2	3	4	5	6	7
2. 我们有专门的部门负责新产品样品的采购与验证，必要时到供应商处进行现场考察	1	2	3	4	5	6	7
3. 我们会与通过审核的供应链上下游企业进行水资源管理和治理的合作	1	2	3	4	5	6	7

D2. 以下是有关贵公司**产品流通与冷链物流标准**的情况，请对陈述项目表明您的同意程度。

陈述项目	非常 不同意					非常 同意
1. 我们在运输产品时，会根据货物的种类、运送季节、运送距离和运送地点确定运输方法	1	2	3	4	5	6	7

（续表）

陈述项目	非常不同意						非常同意
2.我们注重装卸搬运设备机械化、自动化的发展	1	2	3	4	5	6	7
3.我们采用能实时监控温度、湿度及运输位置的行驶温度记录仪监控系统	1	2	3	4	5	6	7
4.我们会保存采购产品的检验记录、供应商提供的合格证明及有关检验数据	1	2	3	4	5	6	7

D3. 以下是有关贵公司**原材料定期检测与评估**的情况，请对陈述项目表明您的同意程度。

陈述项目	非常不同意						非常同意
1.我们定期到供应链上下游企业开展原材料的抽检	1	2	3	4	5	6	7
2.我们定期到供应链上下游企业开展原材料的质量评估	1	2	3	4	5	6	7
3.我们定期到供应链上下游企业开展生产线质量抽检	1	2	3	4	5	6	7

D4. 以下是有关贵公司**供应商食品培训与认证**的情况，请对陈述项目表明您的同意程度。

陈述项目	非常不同意						非常同意
1.我们定期对主要供应商和主要零售商进行环境和社会管理法律法规方面的培训	1	2	3	4	5	6	7
2.我们周期性评估和审计供应链上下游企业环境保护管理的情况	1	2	3	4	5	6	7
3.我们要求供应链上下游企业实施环境管理体系（如ISO14000）和社会责任管理体系（如SA8000）	1	2	3	4	5	6	7

D5. 以下是有关贵公司**供应链上下游环境监管**的情况，请对陈述项目表明您的同意程度。

陈述项目	非常 不同意					非常 同意
1. 我们定期到访主要供应商工厂和主要零售商卖场，以确保他们遵守劳动法规，为员工提供安全健康的工作环境	1	2	3	4	5	6	7
2. 我们与供应链上下游企业共同努力改进生产技术，以减少污染物排放对环境的影响	1	2	3	4	5	6	7
3. 我们有一套完善的供应链上下游企业环境监管体系	1	2	3	4	5	6	7

D6. 以下是有关贵公司**供应链风险共担机制**的情况，请对陈述项目表明您的同意程度。

陈述项目	非常 不同意					非常 同意
1. 我们与供应链中其他企业成为共担风险、共享收益的共同体	1	2	3	4	5	6	7
2. 我们会与供应链中其他企业采取多种措施，共同规避风险	1	2	3	4	5	6	7
3. 我们通过设立专项农产品市场风险基金等对农产品种植农户给予风险补偿	1	2	3	4	5	6	7

D7. 以下是有关贵公司**供应链共赢发展机制**的情况，请对陈述项目表明您的同意程度。

陈述项目	非常 不同意					非常 同意
1. 我们与供应链上下游企业共同参与社会公益活动	1	2	3	4	5	6	7
2. 我们与供应链上下游企业共同设计和研发绿色安全产品	1	2	3	4	5	6	7
3. 我们建立了与供应链上下游企业共赢的机制体系	1	2	3	4	5	6	7

D8. 以下是有关贵公司**供应商合作帮扶计划**的情况,请对陈述项目表明您的同意程度。

陈述项目	非常不同意						非常同意
1. 我们与供应链上下游企业共同预测和解决食品安全问题	1	2	3	4	5	6	7
2. 我们与供应链上下游企业共同努力帮助员工树立正确的价值观,提升员工自信心,加强员工食品安全意识	1	2	3	4	5	6	7
3. 供应链下游零售商向企业提供产品销售信息,使企业能够充分了解市场需求,制订合理的食品生产计划	1	2	3	4	5	6	7

D9. 以下是有关贵公司**产品合作研发计划**的情况,请对陈述项目表明您的同意程度。

陈述项目	非常不同意						非常同意
1. 我与供应链上下游企业共同对各种开发方案的实施可能性、技术先进性、经济合理性进行调查研究、分析计算和评价	1	2	3	4	5	6	7
2. 我们与供应链上下游企业以组织成员的共同利益为基础,以优势资源互补为前提合作研发产品	1	2	3	4	5	6	7
3. 我们与供应链上下游企业之间的知识互补性和相互的交流可以减少企业研发的不确定性	1	2	3	4	5	6	7
4. 我们与供应链上下游企业可以共享信息和研究成果,从而提高研究开发的效率	1	2	3	4	5	6	7

D10. 以下是有关贵公司**食品可追溯平台构建**的情况，请对陈述项目表明您的同意程度。

陈述项目	非常 不同意						非常 同意
1. 我们与供应链上下游企业在食品安全追溯系统的构建上展开合作	1	2	3	4	5	6	7
2. 我们要求供应链上游原材料供应商提供食品质量出厂检验报告	1	2	3	4	5	6	7
3. 我们与供应链上下游企业通过一物一码及物联网等现代技术对食品生命周期进行追溯	1	2	3	4	5	6	7

D11. 以下是有关贵公司**监督评价供应链上下游企业**的情况，请对陈述项目表明您的同意程度。

陈述项目	非常 不同意						非常 同意
1. 我们要求供应链上下游企业具有正确的道德观和价值观，遵守食品安全相关法律法规	1	2	3	4	5	6	7
2. 我们要求供应链上游原材料供应商提供食品质量出厂检验报告	1	2	3	4	5	6	7
3. 我们要求供应链下游食品零售商提供食品经营许可证	1	2	3	4	5	6	7
4. 我们监督供应链上下游企业加强食品安全管理	1	2	3	4	5	6	7
5. 我们选择供应链上下游合作企业时考虑环境和社会责任因素	1	2	3	4	5	6	7
6. 我们要求供应链上下游企业实施环境管理体系（如ISO14000）和社会责任管理体系（如SA8000）	1	2	3	4	5	6	7
7. 我们周期性评估和审计供应链上下游企业环境保护管理的情况	1	2	3	4	5	6	7

（续表）

陈述项目	非常不同意						非常同意
8. 我们定期到访主要供应商工厂和主要零售商卖场，了解他们的食品安全管理情况	1	2	3	4	5	6	7
9. 我们定期到访主要供应商工厂和主要零售商卖场，以确保他们遵守劳动法规，为员工提供安全健康的工作环境	1	2	3	4	5	6	7

D12. 以下是有关贵公司**与供应链上下游企业合作**的情况，请对陈述项目表明您的同意程度。

陈述项目	非常不同意						非常同意
1. 我们与供应链上下游企业在食品安全追溯系统的构建上展开合作	1	2	3	4	5	6	7
2. 我们与供应链上下游企业共同预测和解决食品安全问题	1	2	3	4	5	6	7
3. 我们与供应链上下游企业共同设计和研发绿色安全产品	1	2	3	4	5	6	7
4. 我们与供应链上下游企业共同努力改进生产技术，以减少污染物排放对环境的影响	1	2	3	4	5	6	7
5. 我们与供应链上下游企业共同努力帮助员工树立正确的价值观，提升员工自信心，加强员工食品安全意识	1	2	3	4	5	6	7
6. 我们与供应链上下游企业共同参与社会公益活动	1	2	3	4	5	6	7
7. 我们为供应链上下游企业环保设备的更新、新技术的研发等提供资金支持	1	2	3	4	5	6	7
8. 供应链上游原材料供应商能够满足企业的采购要求	1	2	3	4	5	6	7
9. 供应链下游零售商向企业提供产品销售信息，使企业能够充分了解市场需求，制订合理的食品生产计划	1	2	3	4	5	6	7

E. 对食品安全水平的评价

请您评价贵公司的**食品安全水平**在以下方面的表现。

评价项目	比竞争对手差						比竞争对手好
1. 消费者对食品安全问题的投诉情况	1	2	3	4	5	6	7
2. 消费者产品退货率和重复购买率	1	2	3	4	5	6	7
3. 大部分员工都购买本企业的产品	1	2	3	4	5	6	7
4. 企业食品安全事件发生的频率	1	2	3	4	5	6	7
5. 企业食品安全的负面新闻	1	2	3	4	5	6	7
6. 企业产品抽检合格率	1	2	3	4	5	6	7
7. 企业在行业内的食品科技水平	1	2	3	4	5	6	7
8. 企业在行业内的排名及信用等级	1	2	3	4	5	6	7
9. 企业的荣誉称号及获奖情况	1	2	3	4	5	6	7

F. 关于贵公司外部利益相关方的可持续供应链管理驱动情况

F1. 以下是**政府推动可持续供应链管理策略**的情况，请对陈述项目表明您的同意程度。

陈述项目	非常不同意						非常同意
一、政府法律法规与监督							
1. 政府制定的关于食品企业环境保护方面的法律法规能够驱动贵公司开展可持续供应链管理	1	2	3	4	5	6	7
2. 政府制定的关于食品企业社会责任方面的法律法规能够驱动贵公司开展可持续供应链管理	1	2	3	4	5	6	7
3. 当地政府对食品企业环境保护的监督体系能够驱动贵公司开展可持续供应链管理	1	2	3	4	5	6	7

(续表)

陈述项目	非常不同意						非常同意
4.当地政府对食品企业社会责任的监督体系能够驱动贵公司开展可持续供应链管理	1	2	3	4	5	6	7
二、政府激励措施							
1.当地政府对食品企业实施环境保护实践的激励政策能够驱动贵公司开展可持续供应链管理	1	2	3	4	5	6	7
2.当地政府对食品企业实施社会责任实践的激励政策能够驱动贵公司开展可持续供应链管理	1	2	3	4	5	6	7
3.当地政府对食品企业可持续供应链管理的激励行为能够驱动贵公司开展可持续供应链管理	1	2	3	4	5	6	7

F2. 以下是**媒体推动可持续供应链管理策略**的情况，请对陈述项目表明您的同意程度。

陈述项目	非常不同意						非常同意
一、媒体监督							
1.媒体对食品企业环境保护责任缺失行为的报道能够驱动贵公司开展可持续供应链管理	1	2	3	4	5	6	7
2.媒体对食品企业社会责任缺失行为的报道能够驱动贵公司开展可持续供应链管理	1	2	3	4	5	6	7
3.媒体关注食品企业对可持续供应链管理的实施工作能够驱动贵公司开展可持续供应链管理	1	2	3	4	5	6	7
4.媒体严格客观地对食品企业的食品安全问题进行报道能够驱动贵公司开展可持续供应链管理	1	2	3	4	5	6	7
二、媒体宣传							
1.媒体对食品企业积极的环境保护行为进行宣传报道能够驱动贵公司开展可持续供应链管理	1	2	3	4	5	6	7

（续表）

陈述项目	非常不同意						非常同意
2. 媒体对食品企业积极的社会责任行为进行宣传报道能够驱动贵公司开展可持续供应链管理	1	2	3	4	5	6	7
3. 媒体加强对食品安全、环境保护和社会责任意识的宣传能够驱动贵公司开展可持续供应链管理	1	2	3	4	5	6	7
4. 媒体鼓励通过各种渠道定期发布食品企业可持续发展报告能够驱动贵公司开展可持续供应链管理	1	2	3	4	5	6	7

F3. 以下是**行业协会推动可持续供应链管理策略**的情况，请对陈述项目表明您的同意程度。

陈述项目	非常不同意						非常同意
一、食品行业可持续发展标准							
1. 食品行业协会建立健全的食品企业可持续供应链管理实施标准能够驱动贵公司开展可持续供应链管理	1	2	3	4	5	6	7
2. 食品行业协会建立高于政府法律法规标准的食品安全体系能够驱动贵公司开展可持续供应链管理	1	2	3	4	5	6	7
3. 食品行业协会与食品企业及政府进行沟通，建立行之有效的环境保护实施标准，能够驱动贵公司开展可持续供应链管理	1	2	3	4	5	6	7
4. 食品行业协会能够积极与食品企业及政府进行沟通，建立行之有效的社会责任实施标准，该实施标准能够驱动贵公司开展可持续供应链管理	1	2	3	4	5	6	7
二、食品产业技术							
1. 食品行业协会积极推动与食品企业可持续导向相关的技术引进与自主创新能够驱动贵公司开展可持续供应链管理	1	2	3	4	5	6	7

（续表）

陈述项目	非常不同意						非常同意
2.食品行业协会积极推广可持续产品与流程创新技术能够驱动贵公司开展可持续供应链管理	1	2	3	4	5	6	7
3.食品行业协会建立健全的食品产业创新体系，不断提升食品产业创新能力，能够驱动贵公司开展可持续供应链管理	1	2	3	4	5	6	7
4.食品行业协会加快智能制造和绿色制造在食品产业的布局和应用，通过技术创新为产业发展提供动力，能够驱动贵公司开展可持续供应链管理	1	2	3	4	5	6	7

F4. 以下是**消费者推动可持续供应链管理策略**的情况，请对陈述项目表明您的同意程度。

陈述项目	非常不同意						非常同意
一、可持续消费决策							
1.消费者对可持续消费的关注能够驱动贵公司开展可持续供应链管理	1	2	3	4	5	6	7
2.消费者对企业环境保护行为的关注能够驱动贵公司开展可持续供应链管理	1	2	3	4	5	6	7
3.消费者对企业社会责任行为的关注能够驱动贵公司开展可持续供应链管理	1	2	3	4	5	6	7
4.消费者对食品安全水平的关注能够驱动贵公司开展可持续供应链管理	1	2	3	4	5	6	7
二、消费者监督评价							
1.消费者主动对食品企业环境保护责任缺失的行为进行监督并举报，能够驱动贵公司开展可持续供应链管理	1	2	3	4	5	6	7

（续表）

陈述项目	非常不同意						非常同意
2. 消费者主动对食品企业社会责任缺失的行为进行监督并举报，能够驱动贵公司开展可持续供应链管理	1	2	3	4	5	6	7
3. 消费者关注食品企业对可持续供应链管理的实施工作并愿意提出有效的建议，能够驱动贵公司开展可持续供应链管理	1	2	3	4	5	6	7
4. 消费者主动举报并向媒体披露食品企业违反食品安全等相关行为，能够驱动贵公司开展可持续供应链管理	1	2	3	4	5	6	7

G. 竞争表现评价

相较于贵公司的主要竞争对手，请您评价贵公司在以下方面的表现。

G1. 经济绩效

评价项目	比竞争对手高						比竞争对手低
1. 利润率	1	2	3	4	5	6	7
2. 销售回报率	1	2	3	4	5	6	7
3. 投资回报率	1	2	3	4	5	6	7
4. 资产回报率	1	2	3	4	5	6	7
5. 市场份额/市场占有率	1	2	3	4	5	6	7
6. 员工整体工资水平	1	2	3	4	5	6	7

G2. 环境绩效

评价项目	比竞争对手差						比竞争对手好
1. 废物、废气、废水排放量	1	2	3	4	5	6	7
2. 危险、有毒、有害材料的使用情况	1	2	3	4	5	6	7
3. 环境事故发生的频率	1	2	3	4	5	6	7
4. 遵守环保法律法规	1	2	3	4	5	6	7
5. 企业资源利用率及再利用/回收能力	1	2	3	4	5	6	7
6. 企业环境声誉	1	2	3	4	5	6	7

G3. 社会绩效

评价项目	比竞争对手差						比竞争对手好
1. 履行企业食品安全社会责任	1	2	3	4	5	6	7
2. 产品、服务和活动对本地区的影响	1	2	3	4	5	6	7
3. 企业为本地区提供的就业岗位	1	2	3	4	5	6	7
4. 企业员工的职业健康和安全水平	1	2	3	4	5	6	7
5. 企业产品的知名度	1	2	3	4	5	6	7
6. 企业总体的社会声誉	1	2	3	4	5	6	7